経営学史叢書第Ⅱ期刊行の辞

経営学とは、何か。この問いに如何に向き合うかはさまざまであるが、次のように答えたい。われわれは、組織の時代を生きている。それは、企業を含む各種の組織なくして、個々人は日々の生活ができず、社会もまた成り立たない時代である。われわれは、さまざまな組織が人間の生活や社会との繋がりにおいて多様な問題に取り組んでいることを知り、かつ目の当たりにする。そうした企業を含む組織が現実に直面する諸問題を明らかにしたうえで、組織を如何に維持し発展に導くかを研究課題とし、そしてその解明がわれわれにとって何を意味するかを探求する、これが経営学である。

経営学は、問題によっては、求める知識を他の学問領域から援用せざるを得ず、その意味で学際的であるが、それをもって経営学を借り物というのは的外れである。その知識を取り入れて課題解明を行うためには固有の思考方法が必要であり、それを示すのが経営の学である。経営学は、現実の世界を生きている各種の組織が直面するその時々の諸問題に応え、実践的な学問として一世紀以上にわたる歴史を刻んできた。経営学が解決を迫られる多様な問題を歴史的にみた場合、そこには時代を超えて共通する問題の性質を見出すことができるのであり、その諸問題の性質を「課題性」と呼ぶ。

ある特定の課題性のもとでは、その時代の社会経済的、文化的状況から問題を明らかにし、その問題を考える枠組みを構築し、課題解明の思考方法（理論）を形成する。時代の流れからその問題が新たな様相を帯びれば理論に修正を加える、あるいは新たな思考の枠組みを構築して理論展開を行う。そして時代が変わり、従来は存在しなかった課題性に対しても新たな理論を構築し解明を行う。こうして経営学は、時代の移り変わりとともに現れてくる多様な課題性に対して応え得る応用科学的な性格を有しており、その意味で、今なお形成されつつある学問であるといえる。

この度、経営学史学会は創立三〇周年を迎える記念事業として、先の二〇周年に引き続き、『経営学史叢書第Ⅱ期』（以下、『叢書』）を刊行することになった。創立二〇周年記念の『経営学史叢書』では、経営学史上優れた学説を示すことを叢書の柱とした。しかし、第Ⅱ期の『叢書』を編むにあたっては、今述べてきた現実世界から経営学が探求してきた「課題性」を編集の柱とした。

叢書編集委員会は、何よりも取り上げるべき課題性の選択に苦心をした。歴史を遡って十余りを候補として選び出し、これらに繰り返し検討を加え、最終的に一冊としてまとまりのある課題性に絞り、それに相応しい研究者に責任編集者を依頼した。その過程で、承認を得られず断念せざるを得なかった課題性、さらに取り上げるべき課題性があったことは事実であり、これは今後の検討としたい。

こうした経緯を経て『叢書』は、「学」として求められる経営学を追究する「原理性」を第一巻に置き、続いて時代の流れに沿って「生産性」、「人間性」、「合理性」、「社会性」、「戦略性」、「創造性」の全七巻から構成するものとする。各巻では、特定の課題性を解明してきた理論を、それぞれの時代の社会経済的、文化的基盤との関連において捉え、その有効性と限界を明らかにするとともに、その課題性を反映する現代の諸問題に対して、未来を創る実践的契機となり得る展望を示している。『叢書』は、経営学に関心を持ち、経営的な思考能力を身に着けたいとする初学者を想定している。それぞれの課題性を歴史的に学ぶことによって、思考能力に広がりと深みが増し、歴史を学ぶ面白さを知るきっかけになれば、幸いである。

各巻の責任編集者には、学会の叡智を結集する執筆者の選定を行い、『叢書』刊行の主旨を実現するという難しい要求をすることになった。本書が経営学史学会に相応しい『叢書』であるならば、それは偏に責任編集者の多大な貢献によるものであり、深く御礼を申し上げる。

叢書第Ⅱ期の編集委員会は、テーマ設定について多くの議論を重ね、決定した「課題性」を追究して頂く責任編集者の選定を行い、叢書刊行に至る責任を担ってきた。編集委員の先生方のご尽力に心から感謝申し上げたい。また、株式会社文眞堂の前野隆社長を始め編集部の前野眞司氏、山崎勝徳氏には企画から刊行までに亘ってお世話になった。ここに謝辞を申し上げる。

『叢書』の企画のさなか、二〇一九年から始まり世界的流行となった新型コロナ感染が一刻も早く終息することを願いつつ、冒頭に示した「経営学とは、何か」に応えるべく、この『経営学史叢書第Ⅱ期』を世に問う次第である。

令和三年一一月三〇日

叢書編集委員長　吉原 正彦

『経営学史叢書第Ⅱ期』編集委員会

経営学史学会創立30周年記念

経営学史叢書第Ⅱ期 ❼ 創造性

創造する経営学

経営学史学会監修

桑田耕太郎［編著］

文眞堂

まえがき

創造性（creativity）の追求は、イノベーションの遂行を通じて産業革命以来の文明社会を抜本的に再構築し、地球環境と社会の持続可能性を実現するために、経営学の最も重要な課題の一つである。

創造性は人類を他の種と区別するメルクマールであり、社会や文明を生み出し発展させる駆動力である。人類の歴史は、言語、音楽、絵画、道具、科学、技術など、人類の創造してきたさまざまな人工物とともに形成されてきた。経営学が創造性という課題と関わってきたのは、人類の創造的営為が組織的に行われるようになった近代以降、特に企業がその重要な主体となってきた産業革命以降である。人類の歴史とともにある創造性という課題ではあるが、本格的に科学的研究の対象となったのは、一九四〇年代以降である（Kaufman and Sternberg 2019）。

現代は、産業革命以来、木材や、石炭・石油・ガスなどの化石燃料をエネルギー源とするパラダイムの中で創造性を追求してきた産業社会が、重要な転機に直面している。企業の影響力は非常に大きくなり、豊かさとともに、格差社会や環境問題など、人類の社会がよって立つ環境そのものの持続可能性を危うくするまでになってきた。現代社会の諸問題は、人類や企業の創造性が生み出してきた問題でもあるので、新しいパラダイムを創造しこうした諸問題を抜本的に変革していくことも、われわれ人類と企業の創造性に課せられた重要なテーマなのである。

広範な領域に関わる創造性について普遍的な定義が存在するわけではないが[1]、代表的なハンドブックによれば創造性は、少なくとも、今までに存在しない新しいアイディアやプランの生成や価値に関わる概念である（Sawyer 2012; Kaufman and Sternberg 2019）。単に新しいアイディアの生成だけでなく、そもそも解くべき問題に価値があるのか、問題表現として美しいのかといった、価値観そのものの変化を含む概念なのである。イノベーションは、こうしたアイディアを実現するために、資源の獲得・新結合・組織化の過程を経て実践される。従って、創造性を発揮するシステムは、新しいアイディアやプランを想起するだけでなく、少なくともそれらを生成するメタレベルの自己言及メカニズムを持つ程度に複雑である必要がある（Miller, Galanter and Pribram 1960; Luhmann 1997）。

経営学において創造性を扱うには、経営学の対象である企業が、人間によって創造された人工物であるという観点にたつ必要がある。そのため、二〇世紀初頭までの伝統的な時計仕掛けの機械のような企業観、組織観では、企業の創造性を論じることは困難であり、人工物としての企業観の重要な転換を必要とする。創造性を持つことを前提とした人間行動が織りなすシステムであると考える組織観を核とした、協働体系としての企業観の登場を待たなければならなかったのである（Follet 1924; Barnard 1938）。そもそも人間自体が、本来創造的な存在であることを認める人間観の転換が必要であった

(March and Simon 1958)。その上で、いかにして個人の創造性が組織の創造性に結びつくのか、コミュニケーションの創発特性に関する課題を解決する必要があった(Weick 1979; Luhmann 1997)。

本書では経営学における創造性を、大きく三つの観点から議論する。第一章で創造性研究の学史を振り返ることを通じて、創造性が企業経営の正当性の根拠であることを明らかにする。第二・三章では、人間と組織の創造プロセスの一般的な理論に関する研究について取り上げる。創造のプロセスは、少なくとも固定化された既存のシステムの延長線上にあるものではなく、常に新たな生成メカニズムを含む組織的なプロセスとして論じられる。

第四・五・六章では、企業ないし組織レベルの創造性に関する研究を論じる。第四章は、伝統的に硬直的とされてきた官僚制組織の創造性の可能性を、第五章では特にイノベーションを目的とした組織のデザインから、制度的企業家や社会物質性にまで拡張された創造性を、第六章では組織文化の創造的側面について、それぞれ議論する。

第七・八章では、経営者の創造性について論じる。経営者は、製品などのイノベーションを行うのではなく、企業組織そのものを創造し、維持し、変革する役割を果たす。新たな価値を創造する経営者の創造機能だけでなく、価値そのものを研究対象とするデザイン思考の科学ついて論じる。

本書を通じて読者は、経営学における創造性の諸課題と、その学史的発展に触れることになろう。

(桑田耕太郎)

注

（1）　エイコフとヴァーガラ（Acoff and Vergara 1988）によれば、文献の中に、一〇〇以上の異なる創造性の定義があるという。

目次

第一章　経営学における創造性の学史的研究

一　企業経営の正当性と創造性

創造性（creativity）は、企業経営のすべての領域にまたがる最重要の課題であり、その重要性は現代社会においてますます増してきている。創造性とそれを基礎にした創造的イノベーションの遂行こそが、企業という利潤追求主体が、社会の中で制度としてその存在を認められる正当性の根拠そのものだからである（Dean 1951）。

創造性は、企業という組織が、社会的制度としてその存在を認められる正当性の根拠である。そもそも企業は、人間によって創造されたという意味で人工的な、利潤追求をする経済主体である。しかし、新古典派経済学が明らかにしたように、もし経済厚生を最適にするために完全競争を追求し、一般均衡を達成すれば、個々の企業の利潤は零になるはずである。もし企業が利潤を獲得できるとすれば、企業の規模が価格に影響を与えるほど大きくなったり、情報の非対称性などが存在する不完全競争が存在したり、あるいは新規参入などを阻む参入障壁が存在するなど、いわゆる市場が失敗

(market failure) している状況であって、それは最適な経済厚生が達成されていないことを意味する。

企業が利潤を獲得することは、いかにして社会的に正当性を獲得できるのであろうか。この問題に明晰な答えを与えたのが、経営者経済学 (Managerial Economics) の創始者、ジョエル・ディーン (Joel Dean) である (Dean 1951)。

ディーンが構築した経営者経済学は、社会全体の資源配分を研究対象とする経済学的思考が、企業経営者の意思決定に対して、いかにして実践的貢献をしうるかを目指した開拓的研究である。彼は企業を利潤を獲得するために作られた組織として定義するが、この場合、経済学の諸概念をそのまま適用することは困難である。労働の対価としての賃金、他者に貨幣を使用させることから得られる対価としての利子、生産要素から生まれるレント (economic rent) などの概念は、その根拠や所得分配が明確である。しかし、収入が費用を超過した部分としての利潤は、もし定常状態において他の所得が適切に帰属されると、零になるはずであって、企業が利潤追求を目的とすることの正当性が得られなくなってしまう。そのためにディーンは、まず利潤獲得の根拠と正当性を解明するところから、経営者経済学を構築しなければならなかった。

ディーンは利潤の根拠に関する諸理論を次の三つのグループに分類し、イノベーションに対する報酬としての利潤こそが、最も正当性の高いものだと結論づけた。第一はリスクや不確実性に対する報酬としての利潤、第二は経済的変化に応じて適応していく際の摩擦 (frictions) や市場メカニズムの不完全性に基づく利潤である。これらは、ある均衡をめぐる静態学的ないし定常循環的状況においては偶然に生じる利潤であり、また経済厚生を犠牲にして得られる利潤であるから、現代のようにダイナミックに発展する経済社会において、制度としての企業が目的とする利潤概念として正当性を得ることは難しいと主張する。これに対して第三の類型は、ヨセフ・シュンペーター（Joseph A. Schumpeter）が言う意味でのイノベーションに対する報酬としての利潤である。ディーンは、資本主義というダイナミックな経済変動の過程にある我々の社会において、この「創造的（creative）イノベーションを通じて優越性を獲得しようとする経営者の努力」（翻訳書、二四頁）こそが、ある均衡ないしそれに至る道筋にある経済を、その延長線上にはない不連続な別の均衡ないしそれに至る道筋へと導くという意味で、経済発展に貢献するものであると指摘し、それをもって利潤獲得の源泉として正当性を得ることができると主張する。

かくして利潤追求主体としての企業が、現代社会において社会的に正当な制度として認められる本質的な根拠は、創造的イノベーションに求められるのである。

二　二〇世紀前半までの創造性研究

創造性は、経営学にとってその対象たる企業という制度の正当性と、科学としての経営学の正当性の根幹に存在する課題である。なぜならば、企業という制度そのものが人間が創造してきた人工物であって、そもそも人工物が創造性を持つのかという根源的な問題に直面するからである。近年ではコンピュータについてもその創造性について同様の議論が展開されているが、人工物の創造性を議論するためには、時計仕掛けの機械ではなく、人間行動が織りなすシステムとして行動主体を認識する科学がいかにして可能かを議論する必要があるからである。

人類は有史以来、言語や組織、さまざまな道具、哲学をはじめとする科学、文化・芸術などを創造してきたし、特にルネサンス以降は科学や技術、文芸・美術・音楽などさまざまの分野で創造性を発揮してきたことに疑問の余地はない。しかし、それは現代的な意味での創造性概念によって、過去を遡って考えているからであり、当時の人々自身が創造性を持っていたという自覚も、創造性そのものを科学の対象とすることも、必ずしも一般的ではなかったと考えられている。

経営学における創造性という課題は、このような人間観・企業観の変化と、企業が直面してきた歴史的・社会的課題との関係を反映して論じられてきた。以下では概ね二〇世紀前半期、同後半期、実践論的転回以降に分けて概観してみよう。

創造性研究前史

創造性という言葉が、ヨーロッパ、例えばイギリスの辞書に登場したのは、グラビアーヌとカウフマン（Glăveanu and Kaufman 2019）によれば、一八七五年に Adolphus William Ward が *History of Dramatic English Literature* で、シェークスピアの〝poetic creativity〟を引用したのが最初だという。創造性という概念は当初それほど一般的ではなく、一九世紀後半から二〇世紀に入って辞書に見られるようになり、それが科学的研究の対象となったのは、特に第二次世界大戦以降、一九五〇年代以降になってからにすぎない。

創造性に関する研究がそれほど古いものではなく、極めて近代的なものとして登場したのには、少なくとも次の三つの理由が考えられる。第一に、科学が発展したヨーロッパにおける、創造性の担い手に関する宗教的や文化的な理由がある。ルネサンス以前の欧州では、教会による支配が行われており、『聖書』にあるように唯一の創造主（The Creator）は神であって、人間が創造するとは考えられなかった（Glăveanu and Kaufman 2019）。現代的な意味でわれわれが創造的だと認識する中世の絵画や音楽などは、教会がパトロンとなり、神を賛美する営みであって、決して人間の創造性を声高に謳ったものではなかったという。

第二に、ルネサンス以降、人間の理性による科学や技術の創造が開花したが、人間の創造性が社会的に認められ始めるには、産業革命のように、その成果が一般の人々の生活に影響を与え始めてからだという理由がある。確かにルネサンス以降の科学や技術の発展は、創造性の担い手が神に限らず、人間もまたその担い手になりうることを示した。しかし、そうした理性的活動は初期のうちは一部のアカデミーやパトロンのもとに限られており、啓蒙思想として庶民に対するある種の優越性を示しさえした。創造性は天才（genius）のみが担う天賦の才能であって、庶民にとっては、理性というよりもロマン主義（romanticism）による（それもまた創造性の重要な側面を形成している）文芸、音楽、美術などを通じて共感をもたらすものであったという（Glăveanu and Kaufman 2019）。

第三に、創造性の担い手が、神だけから人間にもシフトしてきたにもかかわらず、二〇世紀初頭までなお科学的研究の対象にならなかったのは、心理学における行動主義（behaviorism）が支配的だったことがある。ハワード・ガードナー（Howard Gardner）によれば、行動主義の源泉には、一八世紀終盤に登場したカント（Immanuel Kant 1781, 1787）の影響が強く反映されていたという（Gardner 1985）。カントは、心を知識を生み出す能動的な器官として見なしていたが、感覚的経験によって与えられる生の素材をもとに、それ自体は知られることのない超越論的自我によって可能になるとしていた。その結果、創造性を生み出す心そのものを「科学的」に解明する心理学は不可能であり、われわれの感覚によって知られうる経験的データによって、数学的に処理できるもののみを対象にすべきであると結論づけられてしまった。二〇世紀初頭までの心理学は、客観的に観察可能な行動のみを対象とし、神経生理学的な反射を理解することが心理学であるとする「行動主義」が、イヴァン・パブロフ（Ivan P. Pavlov）、バラス・F・スキナー（Burrhus F. Skinner）などの研究者を中心に欧米では支配的になっていた。その結果、創造性や思考といった心や脳の中で起きているであろう現象は、科学的研究の対象外におかれてきたのである。

このような時代背景のもとで、現代から見て創造的な人々は天才とか偉人として位置づけられ、一般の人間とは異なる天賦の才に恵まれた特別な存在として考えられていた。企業経営に関する創造的機能を果たすのは、まず第一に「企業者（entreprenure）」とラベルをはられた偉人たちである。

企業者精神とイノベーションによる創造的破壊

シュンペーターによれば、「企業者」とは、イノベーション即ち「新結合」の担い手を意味していた（Schumpeter 1926）。彼は新結合として、次の五つの場合を取り上げている（翻訳書、上巻、一八三頁）。

一　新しい財貨、即ち消費者の間でまだ知られていない財貨、あるいは新しい品質の財貨の生産。

二　新しい生産方法、即ち当該産業部門において実際上未知な生産方法の導入。これは決して科学的に新しい発見に基づく必要はなく、また商品の商業的取扱いに関する新しい方法も含んでいる。

三　新しい販路の開拓、即ち当該国の当該産業部門が従来参加していなかった市場の開拓。ただしこの市場が既存のものであるかどうかは問わない。

四　原料あるいは半製品の新しい供給源の獲得。この場合においても、この供給源が既存のものであるか――単に見逃されていたのか、その獲得が不可能と見られていたのかを問わず――あるいは初めて作り出されねばならないかは問わない。

五　新しい組織の実現、即ち独占的地位（例えばトラスト化による）の形成あるいは独占の打破。

ここで注意すべきは、シュンペーターが生産行為を「ものおよび力を結合すること」だとしている点にある。ある結合様式のもとで、生産量がある時点から連続的に増加したり変化することを、彼のいう意味では経済発展とは言わない。シュンペーターがいう意味での経済発展とは、のちに『資本主義・社会主義・民主主義』(1942, 1947)で「創造的破壊(creative disruption)」と呼んだ、古い結合様式がそこから連続的にたどり着くことができないという意味で新しい結合様式によって置き換えられていく現象である。そこにおいて創造されるのは経済における諸資源の新しい結合状態であり、このように資源配分におけるある既存の均衡が、それからは微分的にはたどり着くことができない新しい均衡状態の創造によって破壊されることを通じて、経済発展が実現されるとしたのである。

彼は企業者ないし企業者精神(entreprenureship)を資本主義に組み込まれた変動のメカニズムであるとしつつも、基本的に個人レベルの分析にとどまった。これは馬車製造業者から自動車製造業者への変化のような事例をしばしば引用するように、彼が観察したイノベーションの多くが一九世紀後半の、主に個人によるものであったことが理由であろう。その意味で、研究対象が経済発展にあったということとともに、既存の企業自体が創造性の担い手になるという現象については、十分に扱われていなかったのだろう。

もっとも企業者が遂行する新結合が、そのままマクロレベルの経済発展に直結するわけではない。このメカニズムにおいて、ある特定の時間・空間においてイノベーションが創始されること、その新しい方法が、工場から工場へ、産業から産業へ、地域から地域へと、経営諸制度の中に広がっていくことが重要であることを指摘したのが、アーサー・コール(Arthur H. Cole)である(Cole 1959)。歴史における変化性ないし創造性を議論するためには、何よりも変化を認識する基準となる不変性を想定しなければならない。シュンペーターが言うマクロレベルの不変性はある一般均衡に求められるが、個々の企業レベルで捉えるならば、コールは、その不変性は現在の意思決定が過去の意思決定の影響を受けている程度に求められると主張した。この時系列において組織化された意思決定の流れを不変性の基準とし、そこから乖離した新たな意思決定が個々の企業によって行われた場合、それを変化ないし創造として認識できるとしたのである。

以上のように、経済発展というマクロレベルの現象を研究したシュンペーターにおいては、創造の担い手は新結合の遂行を行う企業者[1]であり、経済発展における創造的破壊のプロセスを通じて古い結合状態が破壊され、創造されるのは新しい結合状態を意味していたのである。

バーナードと経営者の創造的機能

このように二〇世紀初頭までは、一部の企業者や経営者層のみが創造性を持つと考えられており、従業員は与えられた職務を遂行する感情的存在として考えられていた。そうした中で、実務家としての経験を基礎に、独自のしかし本質的な経営理論を打ち立てたのがチェスター・I・バーナード（Chester I. Barnard）である（Barnard 1938）。彼は主著『経営者の役割』において、行動主義心理学にとらわれることなく、人間を「過去および現在の物的、生物的、社会的要因である無数の力や物を具体化する、単一の、独特な、独立の、孤立した全体」（翻訳書、一三頁）と仮定したのである。

実務家であったバーナードは、メアリー・フォレット（Mary P. Follet）、エルトン・メイヨー（Elton G. Mayo）やレスリスバーガー（Fritz J. Roethlisberger）たちハーバード大学の人間関係論や、ホワイトヘッド（A. N. Whitehead）やアッシュビー（W. R. Ashby）といった生命有機体のサイバネティクスなどの影響を受け入れ、時間の流れの中で学習し、心と論理的な思考とをあわせもち、自由な価値観と創造性をもつ人間観を仮定した（Follet 1924; Mayo 1924; Roethlisberger 1941）。

バーナードは企業のような協働体系の根幹に、このような複数の人間の意識的に調整された諸活動諸力の体系としての組織を据えたので、彼のいう組織は多様な価値コンフリクトを含む極めて脆弱で儚いプロセスの中にしか存在し得ない。彼は管理職能、管理過程、管理責任を論じる際に、創造的協働の戦略的要因の識別、組織道徳の創造、道徳的創造性、創造的能率と誘因の創造など、「創造」という用語を多用する。これは人間が組織とともに協働体系に多様性を持ち込むため、協働そのものが創造となり、そうした多様性を全体として感得し、組織を形成・維持することが経営者の創造的機能だからである。バーナードは、それは単なる技術を超えて、全体として審美的・倫理的価値観を含むアートの域（state of the art）に達する精神を重視して、経営者の創造的機能だと主張したのである（桑田 二〇一一）。

三　行動科学と創造性への論理的アプローチ

二〇世紀前半の行動主義心理学が衰退し、人間の心象や脳の中での思考が科学の研究対象となるのは、二〇世紀初頭から中頃にかけて展開された行動科学（behavioral science）や、人間の知的活動を情報処理のさまざまな学問分野からアプローチする認知革命（cognitive revolution）を待たなければならなかった（Gardner 1985）。特に、コンピュータの登場は、人間の心象やヒューリスティックスをコンピュータの問題空間上に表現することを通じて、意思決定や知的活動をシミュレートしたり、観察可能な研究対象とすることを可能にした。

経営行動と組織の創造性

現代のＡＩ（artificial intelligence）にまで続くこうした系譜の中で、行動科学をいち早く人間の組織論に導入したのは、ハーバード・Ａ・サイモン（Herbert A. Simon）を中心とするカーネギー学派である（Simon 1947）。ジェームス・Ｇ・マーチ（James G. March）との共著*Organizations*（March and Simon 1958）は、その一つの集大成であった。

サイモン（Simon 1947）は、経営行動を分析する際に、行動に先立つ意思決定を仮定した。意思決定とは、意思決定前提（目標や代替的選択肢、結果や効用の期待など）が処理されるプロセスを通じて、一つの行動プランを選択することを意味する。人間行動の体系としての組織は、ある意思決定がそれに続く他の意思決定を喚起するという形で、コミュニケーションによって合成された意思決定として表現される。

マーチ＝サイモン（March and Simon 1958）は、人間の合理性には限界があるため、複雑な環境についての単純化されたモデルを構築し、それに適した行動プログラム（ルーティン）のレパートリーを用意することで、能率的に適応しようとするとした。組織構造はこうした行動プログラムの体系として表現され、組織内の動機づけは組織のメンバーに適切な行動プログラムを選択させる影響過程として記述される。行動プログラムの体系としての組織構造は、その組織に何ができるかを決める要因となる。もし環境の変化が、現在の行動プログラムのレパートリーでは対処できないような問題を課した場合、組織として合成された意思決定ができない状況、即ちコンフリクトに陥ってしまう。こうしたコンフリクトが、組織内で新しい行動プログラムの体系を創造しようとする革新の契機となるのである。こうした行動プログラムの創造を通じた組織能力の変化は、組織レベルの学習に相当する。新たなプログラムは、手段—目的分析を通じて、より単純なプログラムの新結合を通じてデザインされることになる。

このように個人の行動を意思決定過程によって分析することを基礎に、組織レベルでの合成された意思決定過程を記述分析することで、個人行動がいかにして組織の行動になるのかを明確に分析することができた。

創造性を追求した組織開発と構造コンティンジェンシー理論

行動科学がもたらしたもう一つの系譜は、組織開発（organizational development）である。グループダイナミクスの視座から、組織レベルで経営のパターンを論じたのが、レンシス・リッカート（Rensis Likert）の『経営の行動科学』である（Likert 1961）。リッカートはリーダーシップスタイルを基礎するとして四つのシステムのマネジメント・パターン（patterns of management）を提唱し、機構としての組織構造と組織文化や管理プロセスを分けてはいなかった。人間集団の側面は、ウォーレン・ベニス（W. G. Bennis）やリチャード・ベッカード（R. Beckhard）ら行動科学者による、計画的変革（planned change）運動を通じて組織開発の流れに分化していった（Beckhard 1960; Bennis 1969; Bennis, Benne and Chin 1969）。この組織開発の運動は、行動科学者あるいはコンサルタントが望ましい組織やリーダーシップ・スタイルを描き、その実現に向けて人々を導く教育もしくは指導というプロセスとして展開された。

バーナードが人間行動の体系としての組織を企業の行動主体としてて定式化したにもかかわらず、組織レベルの創造性が実証研究の対象となり、創造的な組織デザインが関心を集めるのは、トム・バーンズ（Tom Burns）とストーカー（George M. Stalker）が『イノベーションのマネジメント』を取り上げた一九六一年になってからである。いわゆる機械的マネジメントシステム（mechanic management system）や有機的マネジメントシステム（organic management system）といった理念型が提唱された。その後、組織としての創造性研究は、いわゆるコンティンジェンシー理論（e.g. Lawrence and Lorsch 1967）の登場によって加速するが、組織構造は経営者によってデザインされる対象として記述され、近年の『両利きの経営』（O'Reilly and Tushman 2016）に至るまでこの二つの理念型が継承されている。組織を不確実性を除去する情報処理システムとして把握し、情報処理の必要性と情報処理性能の適合関係に基づいて組織構造のデザインを提唱したジェイ・ガルブレイス

(Jay Galbraith) の業績は、その集大成であった (Galbraith 1977)。
不確実性が高い状況下でイノベーションをリードするためには、処理すべき情報量が多いため、有機的マネジメントシステムを採用した情報処理性能の高い組織構造が適している。一方で安定した環境下では、不確実性が低いため、定型的なルーティンによって情報を処理する機械的マネジメントシステムが適している。一つの企業の中で、安定的な事業を持ちつつ、新規事業を開発するという目標を達成するためには、それぞれの部門でマネジメントシステムを使い分ける、いわゆる両利きの経営 (O'Reilly and Tushman 2016) が適しているという研究の系譜に連なる。

戦後の多角化と経営戦略の創造性

実務の世界で、特に企業レベルの創造性に注目が集まるのは、第二次世界大戦以降に製品多角化を通じた企業の成長が増加し始めてからである (Penrose 1959; Chandler 1962)。

この点を、企業成長という分析レベルで明確に示したのが、エディス・ペンローズ (Edith Penrose) である (Penrose 1959)。ペンローズは、バーナードが協働体系と組織を概念的に分けたことに影響を受け、企業を経営資源の集合体としての側面と、管理組織という側面の二つの側面を持つ対象として捉えた。その上で、経営資源を一義的な活用方法しかないものとして把握するのではなく、多様な「サービスの束 (bundle of services)」として概念化した。経営資源をこのように多義的なものとして概念化することによって、ある特定のサービスを提供するものとして他の資源と結合され活用されている経営資源も、すべての経営資源が潜在的に多様なサービスを提供できることになるので、その結合のパターンの多義性は飛躍的に高まる。既存の経営資源も、別の多様なサービスを提供できるとする意味では、常に未使用の経営資源が存在すると認識することが可能になり、可能な新結合のパターンもまた多義的になりうる。

経営戦略のデザイン（Ansoff 1965）はトップマネジメントの機能として描かれたのであって、組織はそれを遂行するための機構として認識されていた（Chandler 1962）。産業界のこうした実践的要請に伴って、経営戦略論は、単に新製品の創造にとどまらず、マーケティングを通じた市場の創造、顧客の創造へと経営者を導く合理的処方箋を提供することになる。経営戦略については、本叢書、第五巻、『学史から学ぶ経営戦略』で取り上げるので、本書では論じない。

創造の一般理論の展開

統計的手法を駆使したコンティンジェンシーアプローチによる、創造的な組織デザイン研究が全盛期を迎えた一九七〇年代、創造性への合理的アプローチに対して、生物学や進化論を基礎とした創造性の理論が提唱され始めた。カール・ワイク（Karl E. Weick）の組織化の社会心理学や、ニコラス・ルーマン（Niklas Luhman）によるオートポイエシス（autopoiesis）を基礎とした社会システム論がそれである（Weick 1979; Luhman 1997）。彼らの理論に共通するのは、時間軸の中で展開されるシステムの変化や創造に、特別な外部要因を仮定しない組織化の理論であるであり、次節で述べる実践論的展開につながる理論であるという点にある。

四　実践論的転回と創造する経営学

第三節で述べた行動科学に基づく合理的アプローチは、意思決定の結果として得られたプランと現実世界で実現される行動とが一致することを前提としている。しかし、意思決定によって選択されたプランと、私たちの現実の行動実践は完全に一致するのだろうか。バーナードは組織を人間行動の体系というレベルで定義したが、それは情報処理システムとしての組織と同じであろうか。こうした問題に対し、二〇世紀後半になると、アクターネットワーク理論（e.g. Callon 1986; Latour 1987）、新制度派組織論（Powell and Dimaggio 1991）、コミュニケーションシステム論（Luhman 1997）、状況論や実践の共同体理論（Lave and Wenger 1991; 上野 一九九九）など、現象学的基礎をもついわゆる実践論的転回（practice turn）と呼ばれる思想的潮流が現れてきた（Schatzki et al. 2001）。

実践とは、協働状況というその場の布置において、埋め込まれ実現される人間の行動を意味する。実践は、意思決定によって導かれるプランの他、人が使用する道具や物理的空間配置その他の人工物、行為者の身体、学習された心理的特性、社会的物像性を持つ道具やシンボル、制度、さらに他者の実践の布置を同じ次元でリソースとして参照しつつ展開される（桑田 二〇一二）。それぞれの実践は、現実から切り離された問題空間の中でそれ単体で意味を持つのではなく、常にそれが埋め込まれた全体のネットワークとの関係において意味が決定される。同時にそれぞれのアクターの多様性は、必然的にさまざまな価値観の差異をコンフリクトとして生成するため、その暫定的な解決は常に新しい意味と実践を創造するダイナミックなプロセスを生み出すことになる。

このようなダイナミックなプロセスは、バーナードの協働体系の理論（Barnard 1938）や、ワイクの組織化のプロセス（Weick 1979）、ルーマンのオートポイエティックな社会システムの理論（Luhman 1997）とともに、経営学における創造性研究の根幹をなすことになった。野中郁次郎（一九九〇）は、暗黙知を形式知に変換することをもって知識創造と定義した。彼が提唱したＳＥＣＩモデルは、暗黙知を持つ人々に実践を通じた共同が、その表出化、客観化をうながし、そうした知識創造に基づく実践が、また新たな暗黙知を生み出す源泉となることをモデル化したものである。

創造する官僚制組織とエフェクチュエーション

実践論的転回は、ルーティン、官僚制組織、制度、物質など、それまで硬直的存在として考えられてきたものを、ダイナミックに変化するプロセスの中に位置づけることになった。

行為の処方箋（prescription）としてのルーティンは、それが実践される場において、他の実践、物的・社会的・生物的・心理的諸要因との関係性の中で、当初の想定とは異なるパフォーマンスを生み出すことが明らかにされた（Feldman and Pentland 2003, 2021）。ルーティンの実践がもたらすこうした効果は、処方通り（ostensive）の成果に対して、遂行性（performativity）と呼ばれる。ひとたびルーティンの遂行性を認めるならば、ルーティンの体系として特徴づけられる官僚制組織は、まさにルーティンの実践を通じてさまざまな成果を創造しうる組織構造として概念化されうるのである。

実践における遂行性をよりマクロレベルで論じると、かつて天才とか特別な才能として把握されていた企業家の行動も、全く違った姿を現してくる。企業家は、天賦の才によって特別な構想を計画することを通じて、イノベーションを行う存在ではなくなる。むしろまず自分ができることを実践してみることを通じて、そこから生成する諸事象を回顧的に意味づけ、その都度行動を修正しつつ、次第にビジネスの形に仕立て上げていく、そういったプロセスが、繰り返し起業に成功する企業家の特性として浮かび上がってくる。サラ・サラスバシー（Sara D. Sarasvathy）は、こうした論理を「エフェクチュエーション（effectuation）」の論理と呼び、あらかじめ設定された目的に対し、手段―目的分析などの因果推論を通じて行動のプランを導く「コーゼーション（causation）」と対比させた（Sarasvathy 2008）。ルーティンを基礎とした実践でも、その遂行的な結果として、当初想定しなかったアクターが関与してくることで、新しい意味や価値が創造される契機となる可能性を示したのである。

制度的企業家の創造性

創造性やイノベーションを論じる際に、制度をわれわれにとって自明視された現実として考えるとき、実は深刻な論理上の問題に直面する。すなわち自明視されている制度に埋め込まれたわれわれは、自ら制度を変えることができるのか、いわゆる「埋め込まれたエージェンシーのパラドクス」と呼ばれる問題がそれである（Seo and Creed 2002）。われわれが自明視しているものを疑ったり、利用したり、あるいは変革したりできるのは、実践を通じてそれらを相対化できるからにほかならない。企業の実践を通じて明らかになる事業機会は、そこに巻き込まれてくるさまざまな人工物や参照される物象化された制度、それらを連関性の布置し直す動的プロセスを通じて創出される空間である（松嶋・高橋 二〇〇九）。このような過程自体、組織化のプロセスであるが、制度的企業家は自らの利害と経営資源を、実践の場において組織化していく主体として位置づけられるのである（桑田・松嶋・高橋 二〇一五）。

実践論的転回は、従来は組織開発を主導する行動科学者たちに特権的ないし優越的な地位をあたえていたのに対し、介入する行動科学者自身もまた組織メンバーによって相互参照される対象として相対化されることになる。組織開発にクリニカル・アプローチ（clinical approach）という手法を導入したエドガー・シャイン（Edger Schein）は、そもそも行動科学者が組織文化の全体像を知ることも、それを変革することもほとんど不可能だ、という前提に立っている（Schein 1985）。たとえ医師であっても、患者の体の全てを知ることはできず、おそらく可能なことは患者の協力を得ながら、当面の病状を緩和することと、患者自らが健康になろうとする努力を支援することにすぎない。

このような実践の連関の中では、多様な意味や価値が交錯し、諸個人は自分の存在やアイデンティティーを見出すことも困難になるかもしれない。マーチ（March 2010）は、経営者のリーダーシップとは、日々多様な実践が展開されている連関の中に、一つのストーリーを見出す歴史を事前に創造し、人々の生活に意味を与える機能であると主張している。この実践のレベルにおいて、われわれはフォレットやバーナードが指摘した全体の統合を創造するプロセスとしての経営者の機能の意味を、あらためて確認することになる。多様なアクターを一つの協働体系に統合する経営者の機能は、アートのレベルにまで高められた創造機能なのである。

本書の構成

本章で示した経営学における創造性研究の歴史的系譜を基礎に、本書では、創造性の一般理論、企業組織レベルの創造性、経営者の創造性という三つのパートに分けて経営学における創造性という課題について論じていく。第二章、第三章では、それぞれワイクとルーマンを中心に、経営学における創造性の一般理論を概観する。そこでは個人の創造性がいかにして組織レベルの創造性へと創発されていくのか、時間の流れの中で展開されるダイナミックなプロセス理論が紹介される。

第四章から第六章は、企業組織レベルの創造性に関する諸研究が紹介される。第四章と第五章では主に組織の構造的側面に焦点を当て、ルーティンの遂行性や官僚制組織の創造的側面、制度的企業家研究、社会物質性と創造性について、従来の合理的理論から実践論的転回にいたる系譜を検討する。第六章は、創造性の組織文化的側面に焦点を当て、組織開発論の系譜を紹介する。組織開発を主導する行動科学者の役割が、先見的に合理的な存在から、彼ら自身の実践もまた組織開発に影響を与える存在となっていく系譜を見ることができる。

第七章と第八章は、企業組織を経営する経営者レベルの創造性を取り上げる。第七章では、経営者の役割をアートになぞらえたバーナードと、その先駆者たるフォレット、より具体的な企業経営のレベルで顧客の創造を訴えたドラッカーの理論が紹介される。第八章では、合理的アプローチで置き去りにされてきた創造性のもう一つの側面、即ち経営者が創造する価値や美学について、新しいデザイン思考を中心にその創造的機能について議論していく。

（桑田 耕太郎）

注

（1） シュンペーターは企業者を特定の個人としてではなく、資本主義経済にビルトインされたメカニズムとして扱っている。

第二章　個人・集団の創造性からシステム創発性へ

一　はじめに

イノベーション創出の重要性が高まるにつれて、組織における創造性への注目は高まっている。経営学における創造性研究は、個人の創造性に注目した心理学的研究にその原点を見出すことができるが（cf. 開本・和多田 二〇一二）、イノベーション研究の拡大とともに、創造性研究はその一翼を担うものと位置づけられる形で発展を遂げてきた。

本章では、組織における創造性をさらに追究できる視座を提示すべく、先行研究を批判的に検討する。まず、組織における創造性に関する主流派の研究について、レビュー論文を活用して概観し、そこでは創造性が所与の問題に対する解の発見に関するものにとどまっており、問題そのものの定式化を導くような創造性が扱われていないことを明らかにする。次に、組織の自己革新につながりうる創造性の発揮を扱おうとしたものとして知識創造モデルを取り上げ、その意義とともに理論的難点を指摘する。以上の検討を踏まえた上で、自己産出系の議論を導入することによって、システム創発性につながるような創造性発揮のプロセスの記述・解明が進展する可能性を素描する。

二　組織の創造性に関する主流派の研究

レビュー論文を利用した先行研究の概観

先に述べたように組織における創造性研究は近年著しい発展を遂げており、その全貌をつかむことは容易ではない。そこで本節では、レビュー論文に依拠しながら、組織における創造性に関する主要な研究を概観する。

組織の創造性をめぐる研究の増加から、有力学術誌だけを見ても複数のレビュー論文が見出されるが、近年に出版されたものでは、Anderson, Potočnik and Zhou（2014）が最も著名なものといえる。同論文の主たる目的は、近年（二〇〇二年～二〇一三年）の創造性—イノベーション研究の概観にあるが、その前段として創造性—イノベーション研究に対して重要な影響をもたらした六つの理論的研究を特定し、紹介を行っている。そこで、それらの六つの研究を紹介することで、創造性に関する昨今の研究を概観することにしたい。

紙幅の関係もあり、本章では六つの研究を同等に扱わずにメリハリをつけて取り上げる。まず、それらの中で最も知られており、既存研究の基本的仮定が最も典型的に見出されるテレサ・M・アマビール（Teresa M. Amabile）の「イノベーションの構成要素モデル」を最初に詳しく紹介する。その他の五つの研究については顕著な特徴のみを取り上げることにする。

アマビールのイノベーションの構成要素モデル

社会心理学のバックグラウンドから個人の創造性に関する研究を始めたアマビールは、組織における個人の創造性に関する研究を積み重ね、現在では組織における創造性研究の第一人者と見なされている。アマビールは個人の創造性とイノベーションを結び付けた「組織の創造性とイノベーションに関する構成要素モデル」を提示しており（Amabile 1988）、それは組織の創造性に関する最も著名なモデルの一つである[1]。

このモデルは、図表2―1のように、組織のイノベーションに関わる上部と、個人もしくは小集団の創造性（以下では簡略化のために個人の創造性と称する）に関する下部に分けることができ、さらにそれらはそれぞれ二つに分割できる。

まず、下部の個人の創造性に関する部分を取り上げるが、こちらは創造のステージモデルと、各ステージへの影響要因から構成されている。ステージは、「タスクの提示」、情報や資源の収集といった「準備」、「アイデアの生成」、「アイデアの検証」、「成果の評価」という五つから成り立っている。成果の評価で成功もしくは失敗と評価されれば終了になり、前進していると見なされると、最初のステージである「タスクの提示」に戻る。

それらのステージの進行に影響を与える個人レベルの構成要素が、そのすぐ上に配置されている。

代表的な影響要因として、当該タスクを遂行する内発的モチベーション、当該タスク領域についてのスキル、創造的思考を行うスキルが取り上げられ、それらによる影響が矢印で示されている。
次に、上部の組織レベルのイノベーションを簡単に紹介する。こちらの構造は、個人の創造性のものと同型といってよい。まず最上段にイノベーションのステージが設定されて

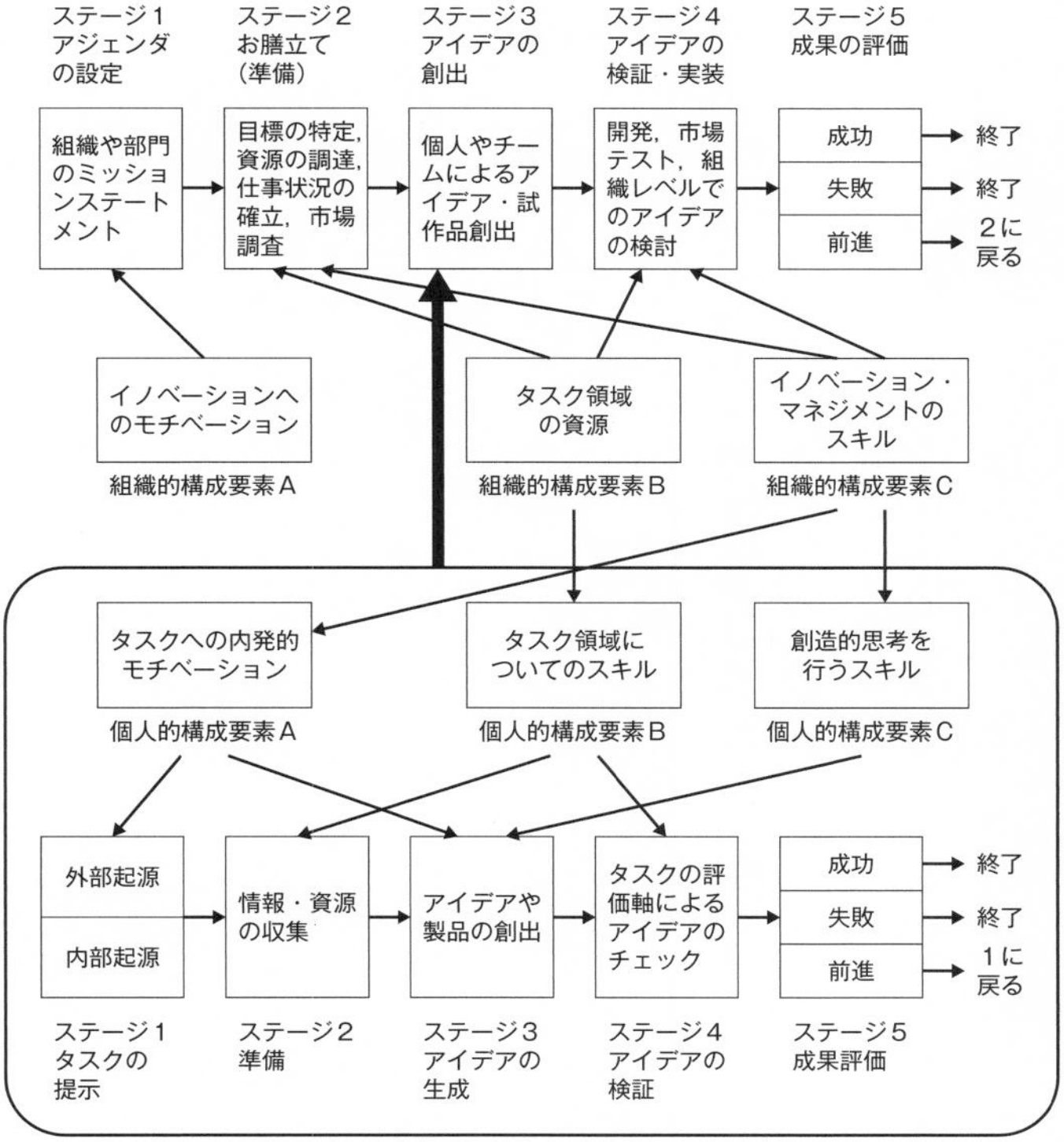

出所：Amabile (1988), Figure 2 (p. 152) を筆者訳出。

図表 2-1　イノベーションの構成要素モデル

いるが、「アジェンダの設定」、目標設定や資源の集約といった「お膳立て（準備）」、「アイデアの創出」、「アイデアの検証・実装」、「成果の評価」の五つからなり、それぞれは個人の創造性のものと対応している。成果の評価によって、終了もしくは前段階のステージに戻る点も、個人の創造性の部分と同様である。

それらに影響を与える組織的要因として、イノベーションへのモチベーション、そのタスク領域における資源、イノベーション・マネジメントに関するスキルが挙げられており、それらはイノベーションの特定のステージに影響を及ぼすことが矢印で記されている。

最後に上部の組織のイノベーションに関わる部分と、下部の個人の創造性に関わる部分の関係を取り上げる。その関係は、二種類の矢印で示されている。まず、二段目に位置する組織レベルの構成要素が個人レベルに影響を及ぼすという関係である。もう一つは太い線の矢印で示されているもので、個人の創造性の発揮が全体として、組織のアイデア創出につながっているところである。

後ほど改めて取り上げるように、個人レベルにおいても組織レベルにおいてもステージモデルが採用されている点が大きな特徴といえる。現実にはステージが順次移り変わっていくとは限らず、個人レベルでも組織レベルでも時にはステージを後戻りしながら新奇なアイデアが創出され、イノベーションが生み出されることが少なくないことは当然理解されているものの、このようなステージモデルで組織レベルのイノベーションと個人レベルの創造性発揮のモデル化ができると考えられている。

以上がアマビールの「構成要素モデル」の概要であるが、個人の創造性発揮を規定する要因を挙げるとともに、それらに影響を与える組織レベルの対応する変数を取り上げるという構図は、それ以降の組織における創造性を検討する重要な枠組みとなった。

その他のモデル

次に、Anderson et al.（2014）で紹介されていた六つの枠組みから、アマビールの「構成要素モデル」を除いた五つの理論を出版順に、メリハリをつけながら紹介する。

West（1990）は、グループ（チーム）におけるイノベーションのモデルを提案している。グループのイノベーションを促進する要因として、ビジョンの明瞭性や共有度、参加型安全性（近年よく参照されるようになった概念でいえば、心理的安全性）の高さ、卓越性を志向する風土の強さ、イノベーションへの支援を挙げ、それらがいずれも高いとイノベーションの質および量が向上するとしたモデルを提示した。このようなグループレベルの創造性への注目は、社会心理学的な創造性研究が社会的要因やコラボレーションに注目するようになったことと軌を一にしている。

Woodman et al.（1993）のモデルは、前項の「構成要素モデル」と類似しているところもあるが、大きな違いは、West（1990）で取り上げられていたグループレベルを、個人レベルと組織レベルの間に追加したことである。その意義は、次の二点に整理できる。

第一に、個人の認知的能力スタイル、パーソナリティ、内発的モチベーション、知識といった個人的要因と、組織文化や報酬システムといった組織的要因によって創造性が規定されるだけでなく、グループレベルの規範やメンバーの多様性などに起因する社会的影響力が個人の創造性に影響を与える点に注目したことである。

第二に、個人の創造性に規定されつつも単なる個人の創造性の総和とは異なるものとしてグループレベルの創造性を想定し、それもグループレベルの諸特徴や組織的要因に影響を受けつつ、組織レベルの創造性に影響を及ぼすとしたことである。こうした、三つのレベルで創造性を検討するという枠組みはその後定着しており、Anderson et al.（2014）が近年の研究を整理する際にも用いられている。

Ford（1996）は、創造的な行動と習慣的な行動を対置したところに特徴がある。個人が創造的行動と習慣的行動という競合する選択肢のどちらを取るかに影響を与える要因をセンスメイキング、モチベーション、知識・スキルに整理するとともに、それらがグループ、組織、制度的環境、マーケットといった多元的なドメインからの影響を受けるというモデルを提示している。

Zhou（2006）は西洋対東洋といったいわゆる文化が創造性に及ぼす影響を検討している。具体的には、パターナリズム的なコントロールが創造性にもたらす影響が、文化によって異なることを示唆している。最後に、Bledow et al.（2009a, 2009b）は、論文のタイトルのようにイノベーションに対する弁証法的パースペクティブを提唱している。イノベーションの創出には矛盾する要求に応えることが不可避であるという認識のもと、両利き性（ambidexterity）を再定義し、個人、グループ、組織というクロスレベルでの両利き性の展開を提唱している。

主流派研究の貢献と限界

冒頭で述べたように、創造性研究はイノベーション研究の一翼を担う形で発展してきた。主流派の研究は個人の創造性研究からスタートしたが、組織における創造性を検討すべく、チームもしくはグループレベルの変数、さらには組織レベルの変数が追加され、マルチレベルの検討もなされるようになっている。

こうした研究の意義は決して小さくない。ごく少数の天才が生まれ持った能力を発揮して革新的なアイデアを生み出すことを待つのではなく、創造性発揮に影響をもたらすさまざまな変数が見出されてきたことで、創造性のマネジメントが促進されてきたからである。例えば、グループのメンバー構成や組織としてのイノベーション・マネジメント能力が、個人やグループの創造性の発揮を左右するといった知見は、グループや組織の創造性を高めるための施策へ適用しうる。矛盾する分析結果が見られる変数に関する一層の検討や、分析の対象になってこなかった変数の探索等の課題はもちろん残されているものの、こうした主流派の枠組みをもとに今後も研究を積み重ねていくことには意義が認められる。

しかし、こうした主流派の研究の枠組みにのみ依拠することで組織の創造性が十分に検討できるわけではない。なぜならば、それらの研究に内在している前提が制約となっているためである。そうした前提は、代表的なモデルである「構成要素モデル」において、個人レベルでも組織レベルでもステージモデルが採用されている点に典型的に見出せる。

ステージモデルが意味していることは、組織や事業部門のミッション・ステートメントなどによって、どのようなイノベーションを創出していくべきかが明確であり、どういったアイデアを生み出せばよいのかが見通せている状態を所与としているということである。もちろん、アイデアそのものやそれがどのように生み出されるかということはわかっていないものの、問題自体は定式化されている。例えば、顧客のニーズは製品の小型化にあり、そのニーズに応えることができる解を見つければ組織の成果に結びつくといった状態が想定されている。

こうした前提を置くことによる限界を明確化するために、組織の創造性について検討した桑田（一九八七）で紹介されている組織論の仮定に関する議論を参照することにしたい。「企業の新しい使命を指示したり、ドメインを描くことができるか否か、その戦略に具体的姿を与える製品を開発できるか、といった組織の創造的性能」（七七頁）に注目すべきとする桑田（一九八七）は、組織論の展開を整理するために意思決定行動に関する仮定を図表2―2のように分類している。

先に述べたことからわかるように、「構成要素モデル」に代表される主流派の研究は仮定三を採用している。仮定三が前提とされているということは、そこで扱う創造性はすでに定式化された問題に対する解を生み出す手段であることを意味する。定式化された問題の解決につながるかどうかという基準によって創造性の発揮としての創出されたアイデアは評価され、それに役立たなければ棄却されることになる。即ち、仮定三を前提とした主流派の研究では、仮定四にあるような、解決すべき問題の認知や定式化を行うことを含んだ、組織の創造性実現プロセスを捉えることはできない。

図表 2-2　意思決定行動に関する仮定

仮定一	問題の認知・定式化，解のデザイン・探索，解の選択までの過程が既に終わっており，実施だけが残されている。
仮定二	問題の認知・定式化，解のデザイン・探索は既に終わっており，所与の代替的解決案の集合から一つを選択するという問題が残されている。
仮定三	解決されるべき問題自体の認知・定式化は終わっている。解のデザインから始めなければならない。
仮定四	解決すべき問題自体の認知・定式化から始めなければならない。

出所：桑田（1987），82 頁の記述を引用して筆者作成。

例えば、高田（二〇二二）が注目している、創造的逸脱（Mainemelis 2010）や密造酒づくり（Augsdorfer 2005）は、組織において正当化されていない非公式な創造性の発揮であるが、これらは仮定三を前提とした、問題解決としての創造性モデルではうまく取り扱うことができない。周知のように、そうしたプロセスから重要なイノベーションが生み出されることがあり、非公式な創造性の発揮プロセスを扱えないことを具体的な限界として指摘できる。

さらにいえば、何らかのアイデアの創出をきっかけとして、問題の認知や定式化自体を刷新していく創造性は、組織の新しい使命（ミッション）やドメインを指し示すといった組織革新においては不可欠なものであり、そうしたシステム創発性を取り扱うには、主流派研究以外の枠組みを探索する必要がある。

三　知識創造モデル

知識創造モデルの概要

多くの創造性の定義に含められるアイデアの創出とは、知識の創造にほかならない。従って、野中らの著名な知識創造モデルも、組織の創造性研究に含めることができると考えられる。さらにいえば、野中（一九八六）に見られるように、知識創造モデルは組織の自己革新プロセスの解明という問題意識から生み出されてきたという経緯も踏まえると、前述の意思決定行動についての仮定でいえば、知識創造モデルは、主流派の研究のような仮定三ではなく、仮定四を前提としているとも考えられる。従って、知識創造モデルをここで取り上げることは妥当といえるだろう。

まず、知識創造モデルの核ともいえるＳＥＣＩモデル（図表2—3）をNonaka and Takeuchi (1995) に基づいて紹介し、続けて、その理論背景を確認するべく、知識創造プロセスの促進要因を取り上げる。

ＳＥＣＩモデルでは、知のあり方を暗黙知と形式知にカテゴリー化し、それらの異なる知が変換されることで新たな知識が創造されるという仮定を置いている。ここでいう形式知とは、何らかの形で言語化し、客観化できる知のことである。一方、暗黙知とは、身体で覚えていることのように、言語化が難しい主観的な知のことを指すと述べられている。(2)

それらの知の転換によって知識が創出されるプロセスをモデル化したＳＥＣＩモデルは、四つのモードから構成されている。まず、「共同化」とは、体験の共有などを通じて、個人に体化されている暗黙知が他者に移転されていくことを指す。第二のモードである「表出化」は、暗黙知の形式知への転換である。暗黙知の定義として言語化が難しいとされているように、このモードは容易ではな

出所：Nonaka and Takeuchi (1995), 翻訳書, 図 3-2（105 頁）。

図表 2-3　SECI モデル

いが、メタファーやアナロジーなどの活用がその手段として挙げられている。第三のモードとして挙げられている「連結化」は、異なる形式知を組み合わせて新たな形式知を創造することである。最後に、「内面化」とは、共有された形式知を暗黙知へと変換されるプロセスであり、行動による学習が深くかかわっていることが指摘されている。

これら四つの知識転換のモードが独立的に行われるのではなく、相互に作用し合いながら、知識創造のスパイラルを形成し、知識の増幅がもたらされるとされている。即ち、個人の暗黙知が組織的な知識創造の基盤であり、前記の知識転換モードを通じて個人の知が、集団、組織、さらに組織間までスパイラル的に上昇・拡大するというのが組織的知識創造だと主張している。

以上がＳＥＣＩモデルの概要だが、次に組織的知識創造の促進要件を取り上げる。それらを取り上げるのは、そこに知識創造モデルが依拠している理論を見出すことができるためである。

知識スパイラルを促進するコンテクストを提供する組織の役割として、意図、自律性、ゆらぎ／カオス、冗長性、最小有効多様性という五つの促進要因が挙げられている。第一の組織の意図とは、「目標への思い」と定義されているが、「構成要素モデル」にあるミッション・ステートメントや、イノベーションへのモチベーションに該当するものといえる。第二の自律性は、個人の自由な行動を認めることとされており、こちらについても主流派の研究でモチベーションに関わるものとして挙げられているものとおおむね対応する。ただし、自律性を確保する組織として自己創出（autopoiesis）[3]システムを挙げているが、この点は後ほど改めて取り上げる。

第三の要因であるゆらぎ／カオスは、自然科学から導入されたメタファーである。ゆらぎとは「不可逆的な秩序」によって特徴づけられているとされ、それが組織に導入されることで、基本的な前提の妥当性の問い直しにつながり、組織的知識創造が促進されるとしている。こうした現象を「カオスからの秩序の創造」と呼んでいる。

第四の冗長性とは、組織に組み込まれた意図的な情報の冗長性を意味しており、情報の重複共有が暗黙知の共有を促進すると主張されている。最後に挙げられた最小有効多様性は、サイバネティクスなどの研究者であるロス・アシュビー（Ross Ashby）が提唱したものであるが、環境の多様性に対応するために組織の多様性を高める必要があると読み替えられている。組織の多様性を高めるべく、情報を統制するいわゆる官僚制的な組織ではなく、組織メンバー間の情報格差をなくし、柔軟に相互作用ができるような組織づくりが提案されている。

知識創造モデルの特徴と課題

以上で紹介した知識創造モデルの最大の特徴は、組織レベルでの知識創造に焦点を当てようとしていたことである。野中らは、企業、とりわけ日本企業の競争優位の源泉としての組織レベルの知識創造を解明しようとしており、知識創造の主体として組織が想定されていた。

この点において、第二節で取り上げた主流派の研究と大きく異なっているが、両者の違いは研究の出発点が異なっていることに由来する部分が小さくないだろう。主流派の研究は個人の創造性研究から発展し、組織の特性といった、創造性を発揮する個人にとっての状況特性を追加してきた。いいかえれば、組織における個人の創造性を問題にしており、それへの影響要因を拡げていく中で組織的要因も検討するようになったといえる。それに対して、野中らは、知識創造の起点として個人の暗黙知の重要性を強調しているものの、そこから集団や組織に拡張していくダイナミズムに関心があった。

そうした拡張のダイナミズム、即ち野中らのいうところのスパイラルには、知識創造の範囲は定式化された問題に対する解の案出にとどまらず、問題自体の定式化自体を問い直すこと、さらにいえば組織の自己革新も含まれている。そのような意味で、主流派の研究が仮定三に依拠していたのに対して、仮定四から組織の創造性を捉えようとしたものと知識創造モデルを評価できる。

もっとも、そのような問題関心は組織レベルの創造性や、システム創発性を含む、より幅広い範囲の創造性を取り上げることにつながった一方で、個人、集団、組織というレベル間の関係の曖昧化にもつながっている。それらの関係性について緻密に検討するというよりは、スパイラルというメタファーによってそのダイナミズムを表現することにとどまっていた。

こうした曖昧さは、知識創造という営み自体が捉えがたいものであることに起因している部分は確かにあるものの、その理論的基盤に由来するところも小さくない。暗黙知が形式知化する「表出化」においてメタファーやアナロジーの活用の有用性が主張されていたが、野中らの理論自体も、自然科学に由来するコンセプトをメタファーやアナロジーとして活用していた。そうした活用は、ゆらぎ／カオスや自己創出システムといった自然科学由来の概念の参照に典型的に見られる。

メタファーやアナロジーは新たな認識の獲得の方法として有効である一方で、曖昧さをはらむ可能性も指摘されている。そうしたメタファーやアナロジーに依拠していることによる理論基盤の曖昧さが精緻な実証研究を難しくしてきたことは否めない。

従って、組織レベルの創造性を問題にしようとしたことを継承しつつ、自然科学に由来する概念をメタファーとして利用するのではなく、社会科学固有の現象に適合する形で鍛えなおしたモデルをもとに、システム創発性をより緻密にモデル化する必要がある。そうした再検討を進めていく手がかりを、次節で検討したい。

四　組織レベルの創造性へのアプローチ

自己組織化モデルの意義と限界

野中らの知識創造モデルは、自然科学における広義の自己組織化研究をメタファーとして援用した一九八〇年代前半から一九九〇年代前半の組織研究の流れを汲んでいる。Nonaka and Takeuchi (1995) では、自律性における自己創出システム、ゆらぎ／カオス、最小有効多様性などがメタファーとして用いられているが、そうした概念を経営学に導入したのは野中らだけではなく、当時の日本における組織研究でしばしば見られた（cf. 日置 一九九四）。

自己組織化をメタファーとして取り入れた諸研究は、野中らの研究がそうであったように、組織の自己革新の解明に関心を持っており、桑田（一九八七）における仮定四の段階から組織の創造性を検討しようとしていたと評価できる。しかし、少なくとも経営学の範囲では、自然科学から導入した概念を十分消化せずにメタファーとして用いており、社会科学固有の現象に適合するような概念の再検討が十分になされなかった。そのため、精緻な研究への展開にはつながらず、その後の研究には定着しなかった。

従って、それらの研究に見られる組織の自己革新が高次の組織の創造性に含まれるという問題意識を継承しつつも、いっそうの展開を図っていくためには、理論的バックボーンとなっている諸概念の、メタファーとしての使用からの脱却を図る必要がある。そこで注目されるのが、自然科学に由来するオートポイエーシス概念を自らの社会システム理論に組み込もうとしたニクラス・ルーマン（Niklas Luhmann）の議論である。ルーマンは、Maturana and Valela（1980）が提唱したオートポイエーシスをメタファーとして用いる段階を脱却すべく議論を重ね、オートポイエーシス概念を彼の社会システム理論の核として取り込んだ（e.g. Luhmann 1997）。ルーマンによるオートポイエーシス概念の導入は、自然科学に由来する自己組織化関連の概念を社会科学で適用できるように鍛えなおした例外的なものであり、組織を含む社会システムレベルの創発性を記述する足がかりとなりうる。

しかし、ルーマンの理論をそのまま導入することは、独自の術語系の使用、さらには過度な一般理論化への指向という意味で難点がある（cf. 佐藤 二〇一一）。そこで、ルーマンの議論を深く検討した上で、理論の適用対象となる社会システムの一つとして組織を念頭に置きつつ、彼の理論を実証分析に用いることを想定したモデル化を提案した佐藤（二〇〇九、二〇一一、二〇一六）の議論を参照し、それが組織の創造性を検討するためにどのように適用できるかを素描する。[4]

自己産出系としての組織把握

佐藤（二〇一六）は、自己産出系論の中心的な理論命題群として、以下の二つを挙げている。

㈠ 社会の制度はコミュニケーションを基礎要素としており、その間には基底的自己準拠（basal self-reference）という特性が見られる

(二) 基底的自己準拠がなりたつ関係性には、反射性（reflectivity）と反省（reflection）が加わることがある

(二)の記述に「加わることがある」とされていることからもわかるように、これら二つでもとりわけ(一)が重要とされている。[5] 佐藤（二〇一一）では、(一)の基底的自己準拠と自己産出系（システム）の成立を、次のように丁寧に説明している（佐藤二〇一一、三四二—三四三頁）。

① 要素のネットワークによって要素が新たに産出され、その新たな要素の意味があたえられるだけではなく、その新たな要素が加わることで他の要素の意味も変化し、それゆえ全体としての「内＝自己」の意味が変化して、それがさらなる新たな要素の産出のあり方にも影響する、という関係がある

② この「内＝自己」が「システム」と呼ばれてきたような要素—全体関係になっている、と了解されている

以上の命題や説明は制度的な社会システムに幅広く適用されるものとして取り上げられているが、以下では対象を組織に限定して説明を付加する。

現代組織論の確立に重大な貢献を果たした一人であるハーバート・A・サイモン（Herbert A. Simon）は、組織を決定前提の連鎖のネットワークとして捉えた（Simon 1997）。サイモンの組織理解とここで取り上げている自己産出系としての組織理解は、組織を決定というコミュニケーションを基礎要素としたネットワークもしくはシステムとして捉える点は共通している。

しかし、ルーマンによれば、そこでいう基礎要素としての決定は、心理的なものではなく社会的なものであり、本質的にはそれ単独でその意味が確定しているわけではない。即ち、他の決定を参照し、他の決定から参照されるという決定連関において、組織の決定、即ち組織システムの要素となる（奥山　一九八六）という関係が、前記①②では想定されている。

このような関係性を説明するためには、佐藤（二〇一一）ではいわゆる解釈学的循環が取り上げられている。例えば小説において、読み進めていく中で新たに出合った文は、それまでの文脈を踏まえてその意味が解釈される。解釈の手がかりとなる文脈は、そこまでに読み進めてきた個々の文の理解によって構成されている。しかし、時には、新たな一文がこれまでの文脈理解、さらには小説全体の理解を反転させることもある。組織においても、そのような要素の相互参照関係に基づいて全体の意味変容が生じうることが、自己産出系として組織を捉えることによって理論的に接近可能になる。

もちろん、そうした意味変容は内的な不確定性を高め、日常的な調整を難しくする。サイモンは決定前提の連鎖のネットワークとして組織を描いたが、そこで取り上げられていた諸メカニズムは、意味の不確定性を低減するものと捉えることができる。組織には諸規則や階層制に基づいた手続きが存在するとともに、公式的な目的や計画、戦略なども定められており、個々の決定においてそれらを参照したり、それらとの参照関係を確保できるように準備したりすることで、個々の決定の意味が特定されているかのように物事が進んでいくことは少なくない。

しかし、そうしたいわゆる公式構造が組織のすべての決定を意味づけたり、組織メンバーのすべてのコミュニケーションの参照点になっていたりするわけではない[6]。例えば、規則に厳格に従うことが否定的に捉えられることがあったり、規則を多かれ少なかれ逸脱することがその組織らしさとして認められることもあったりする（佐藤 二〇〇九）。このように、コンテクストの総体としての組織としての自己＝システムは、要素の相互参照というプロセスの中で、その意味が変容することがありうるというのが、自己産出系としての組織の捉え方の帰結である。

自己産出系としての組織と創造性

ここで創造性の議論に戻り、前項で紹介した自己産出系としての組織観に立脚することが組織における創造性研究に対して持ちうる意義を素描する。

まず、イノベーションのステージモデルを前提に組み込んでいる主流派の創造性研究ではうまく扱えない組織内の創造性の発揮にアプローチしうることである。先に言及した創造的逸脱や密造酒づくりといった、非公式性を帯びたイノベーション創出プロセスを緻密に記述することに、自己産出系の理論モデルの適用は寄与しうるだろう。また、それらと類似点が見出せる、セレンディピティという言葉に代表される、予期せぬ発見や出来事を起点としたイノベーション創出についても同様である。

次に挙げられるのは、アントレプレナーシップやスタートアップの事業化プロセスを捉える枠組みとしての活用である。アントレプレナーシップやスタートアップの事業化には創造性が不可欠であるが、これまでの組織における創造性研究では十分取り扱われてこなかった。その理由の一つは、アントレプレナーシップにおける創造性の発揮は、「構成要素モデル」に顕著に見られるような、目的が所与であることを前提としたステージモデルが適用しにくいためである。いいかえれば、アントレプレナーシップの解明においては仮定四を前提とせざるをえない。

そうした目的の所与性に疑問を投げかけ、アントレプレナーシップ研究の中で注目されているのがSarasvathy（2008）の提唱したエフェクチュエーションであるが、エフェクチュエーションの論理に基づく事業化プロセスは、自己産出系としての組織観に立脚することによって記述や分析の可能性が高まると考えられる。

エフェクチュエーションとは、因果推論（コーゼーション）の反意語としてつくられた造語である。Sarasvathy（2008）が両者の違いを説明するために用いたメタファーを参照するならば、コーゼーションの論理はジグソーパズルを解くこと、エフェクチュエーションの論理はパッチワーク・キルトを創ることにたとえられる。コーゼーションの論理に従えば、精緻な市場予測から選択された目的を所与として、それを実現する手段を見出すことになる。主流派の創造性研究で想定されていたステージモデルは、まさにコーゼーションの論理に従ったものである。一方、エフェクチュエーションでは、所与の手段から行動をスタートし、新たな目的を創り出そうとする。

エフェクチュエーションの論理に基づく意思決定は五つの原則に整理されているが、例えば、その一つである「レモネード」の原則とは、コーゼーションの論理のように偶発性をいかに避けるかではなく、偶発性を活用するというものである。[7] このようにエフェクチュエーションは仮定四を前提とした枠組みといえる。

こうしたエフェクチュエーションの論理に基づいた行動に見出される創造性の記述には、要素の相互参照関係に基づいて全体の意味変容が生じうる自己産出系としての組織把握が適している。Sarasvathy（2008）が主張するように、エフェクチュエーションが不確定な状況における意思決定の一般理論であるとすれば、自己産出系としての組織観に基づく記述が応用できる範囲は、アントレプレナーシップに限定されず、さらに広がることになる。例えば、Plowman et al.（2007）が記述したような、意図せざるかたちでの継続的かつラディカルな組織変革、さらには、組織のミッションやパーパスといった組織の最上位目的の組織内部からの刷新といった、システムレベルの創発性への適用が考えられる。

このように自己産出系として組織を捉えることで、創造性研究は個人や小集団に限定されず、意味のシステムとしての組織の革新・創発をも取り扱うことが可能になる。それは、野中らが知識創造モデルを構築する際に目指していた、組織の自己革新を対象も含むものである。

本章では、組織における創造性についての主流派の研究においては、そうした研究に内在する前提が制約となり、解の発見を超えて問題の定式化自体を刷新するような創造性が十分に扱われてこなかったことを指摘した。その上で、問題の定式化の見直しを迫る知識創造、さらにいえば組織の目的の創発や更新といったシステム創発性の記述や解明に対して、自己産出系としての組織観に立脚してアプローチすることが持ちうる可能性を提示した。そうした理論的検討を踏まえつつ、システムレベルの創造性に対する実証的検討が今後展開されることが期待される。

（高尾　義明）

注

（1）Amabile and Pratt（2016）においてモデルの精緻化が図られているが、基本的な枠組みは変わっていない。

（2）野中らの暗黙知概念は、ポランニーの暗黙知概念を大胆に翻案したものであり、両者の概念を同じと見なすことはできない。詳しくは、矢守（二〇一九）を参照されたい。

（3）Autopoiesis という術語に対しては自己創出、自己産出といったさまざまな訳語が当たられている。本章では、参照している文献の訳語にならうことにした。

（4）組織をオートポイエーシス・システムとして捉えるという見方は、庭本（二〇〇六）などでも展開されているが、実証分析への適用を強く志向しており、創造性の解明に貢献しうるものとして佐藤の議論に依拠することにした。

（5）反射性および反省については、佐藤（二〇一一、二〇一六）を参照されたい。

（6）紙幅の関係で詳細に論じないが、組織文化などを含めても同様である。

（7）五つの原則とは、「手中の鳥」の原則、「許容可能な損失」の原則、「クレイジーキルト」の原則、「レモネード」の原則、「飛行機の中のパイロット」の原則である。なお、「レモネード」の原則は、「すっぱいレモンをつかまされたら、レモネードを作れ」という格言に呼応する（Sarasvathy 2008, 翻訳書、一一七頁）。

第三章　組織化と創造性

一　はじめに――創造性と組織化――

この章では、組織化（organizing）の働きに注目して、組織における創造について考察を行う。組織化（organizing）とは何だろうか。組織化とは、関係なかったものが新たなまとまりとなること、組織になっていくことである。例えば、私たちの体は無数の細胞の集まりだが、これらは組織になっていることで機能している。同様に、私たちの日々関わる組織も、人々やさまざまな技術やお金など多様な存在が組織化されることで機能している。この組織化のパターンこそが組織の実体である。従って、創造性とは、この組織化のパターンが変化することだと言えるだろう。関係が無かったものが関係づけられるとき、新たな組織化が起きていると言える。即ち、創造という場面において、すでにあるものが新たなつながりの中に位置づけられることである。

そして、企業の作り出すさまざまなイノベーションは、こうした新たな組織化が連鎖することによって成り立っている。技術や知識といったものの組み合わせが新たにされたとき、新たな角度から光が当てられたときに、新たなものが創造されているのである。この章では、こうした組織化の働きを中心に置きながら、組織における創造性とイノベーションについて考えていきたい。

二　関係性と創造性

ピーター・F・ドラッカー（Peter F. Drucker）は、一九八五年に著した『イノベーションと企業家精神』で、イノベーションについてこう述べている。「イノベーションは富を創造する能力を資源に与える。それどころか、イノベーションが資源を創造する」（Drucker 1985, 翻訳書、八頁）。そして、ペニシリンや割賦販売、コンテナ、マクドナルドなどを例に挙げ、その概念を説明している。ペニシリンの例を採り上げてみると、今ではわれわれがさまざまな感染症などで当たり前のように用いる代表的な抗生剤であるペニシリンは、元々ペニシリウムというカビである。「細菌学者たちは、ペニシリウムから細胞の培養基を守ることに苦労していた。１９２０年に至り、ロンドンの医師アレキサンダー・フレミングが、この厄介物こそ細菌学者が求めているものであることに気づいた。そのとき初めて、それはペニシリンをもたらす価値ある資源となった」（Drucker 1985, 翻訳書、八頁）。ペニシリウムの発見は、たまたま培養しているシャーレにカビが付着したことを契機としたものであり、いわば実験の失敗によるものだった。

そして、ドラッカーはこう述べている。「新しいものを生み出す機会となるものが変化である。イノベーションとは意識的かつ組織的に変化を探すことである。それらの変化が提供する経済的、社会的イノベーションの機会を分析することである」(Drucker 1985, 翻訳書、一五頁)。私達は日常の中で意外な出来事、違和感などに日々巡り合うが、これらの意味を探索し、そこに意味を見出していくことを通じて新たなものを創造するのである。

この意味の生成過程を組織理論研究者のカール・E・ワイク(Karl E. Weick)は、センスメイキング(sensemaking)と呼んだ。ペニシリウムがもたらした実験の失敗それ自体は、単に断片的な情報に過ぎない。しかし、この目の前の「おかしな出来事」が「細胞産生の抑制」という別な断片的な情報と組織化されるときに、新たな意味が生成する。即ち、断片的な情報どうしが組織化される時に、われわれは新たな意味を生成する(センスメイキングが生じる)のである。

では、組織の日常において、こうした違和感や変化に出合うことは、稀であろうか。そうではないとメアリー・P・フォレット(Mary P. Follett)は指摘する(Follett 1924)。フォレットは、創造の源泉に、人々の間の対立(conflict)があることを指摘し、これが統合(integrate)された時に、創造と前進がもたらされると述べる。統合とは、対立する相互の主張の背後のニーズを探り、それぞれが交差する点を見出すことにある。「事実というものは、われわれがその事実に注意を向けた時にはじめて、わたしたちにとって意味のある事実となる。事実に注意を向ける行為と、その場の状況とは密接に結びついている」(Follett 1924, 翻訳書、二二頁)と指摘し、異質な他者同士の対立に対して意識が向けられ、統合への歩みを始めるところから創造が始まるのだと述べている。

では、私達はどのように、創造を組織の日常から生み出しているのだろうか。先のペニシリンの発見の例を考えてみたい。このペニシリンは、第二次世界大戦で負傷した多くの兵士の傷病を治療することにも貢献するなど、世紀の大発見になったことは事実である。しかし、科学的な発見をしただけでは、広くわれわれにペニシリンとして行きわたるものにはならなかった。大量に生産することが難しかったからである。この問題を克服したのは、後に、製薬会社のファイザー社が研究開発に協力し、ペニシリンの大量生産に成功することで、人類の歴史を変える世紀の大発明になったのである(1)。ここからわかることは、組織として創造が生じる上では複雑な関係性の変遷過程が生じているということであろう。ではこの複雑性をどのように捉えたら良いだろうか。

三　組織化のダイナミズム

ワイクは、組織化を正面から論じた組織論研究者である。彼が一九七九年に著した『組織化の社会心理学　第2版』は、これまでの組織論と大きく異なる特徴がいくつもある。本章のテーマである創造性に関しては、ESRモデル（イナクトメント（enactment）―淘汰（selection）―保持（retention）の頭文字でESR）という独自の組織化のモデルが大きく関係してくる。

組織には、過去の経験から構築された因果の図式（因果マップ）が保持されている。因果マップとは、その組織の解釈の枠組みと言って良いだろう。例えば、書店は本について、「著者の書いた内容

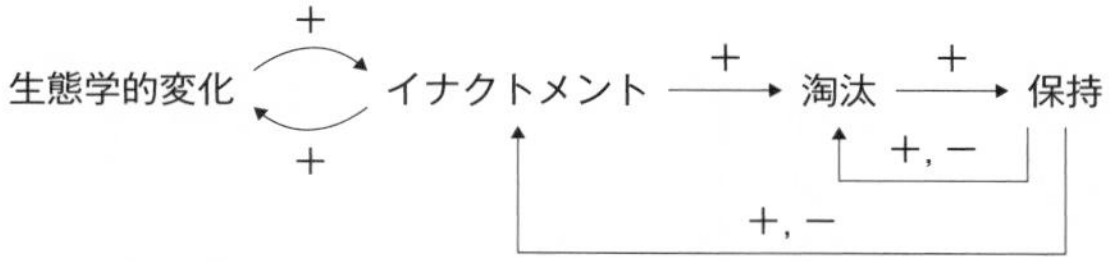

出所：Weick（1979）より引用。

図表3-1　組織化のESRモデル

を読者である顧客に届けるための媒体」と捉えているかもしれず、一方、アマゾン・ドットコム（Amazon.com）などは、本を「顧客の購買行動のデータ」の一つとして捉えているかもしれない。どちらが良いかどうか、ということではなく、どのような枠組みで対象を捉えているのかによって、その組織における「正しい行動」や、次の戦略を考える上での基本的に視野に入れる範囲、いわば見える風景が変わってくるのである。アマゾン・ドットコムであれば、より顧客に販売する商品や動画や音楽コンテンツのサブスクリプション（定期購読）・サービスを拡充するという視点から、さまざまな顧客や世の中の出来事を解釈するだろう。一方、書店は、より顧客に届けるべき本のラインナップを充実や、店頭のディスプレイの工夫、書店イベントの展開などが視野に入ってくるだろう。

しかし、こうした保持された認知の枠組みである因果マップは、いきなり思いついて構築されるわけではない。組織は環境への働きかけであるイナクトメントを通じて環境変化（生態学的変化）を取り入れ、淘汰の過程を経て因果マップが構築され、保持される。例えば、二〇〇〇年代からテスラ（Tesla）が電気自動車の開発を始めたり、グーグル（Google）が自動運転の開発を見せ始めたりした。こうした変化は、既存の自動車メーカーにとっては、初期には小さな動きとして感知されたであろう。これに対して、これまでの「保持」されてきた自動車業界に関する因果マップとは異なる動向を指し示すものか、それとも、よくあるベンチャー企業のチャレンジ（だが、いつものようにその努力は実を結ばない）と映ったか、その差が大きな違いを生んでくる。前者であれば、「この動きは次の大きなトレンドになり得る」とか、「いや、それでもさほど大きな影響はもたらさない」、「ひとまず注視し続ける必要がある」などの多様な解釈の方向性がありえる。

このように、生態学的変化（外部環境の変化）があったときに、多義性（多様な状況定義が可能な状況）を組織に取り入れる行為をイナクトメントと呼ぶ。こうしてイナクトされた多義性は、淘汰の過程へと進む。淘汰とは、多義性を一義的なものへと解釈をしていく過程である。大きなトレンドになると解釈されれば、それ以外の解釈内容は淘汰される。そして、いち早くテスラなどと提携を行うなどして、大きな動きをフォローしつつ、自社の技術開発や製品開発の資源配分も変更を行うかもしれない。また、取るに足らないとなれば、この変化は無視されるであろう。

イナクトメントや淘汰がこうした大きな戦略上の変更に関わることもあれば、組織の部門レベルでも頻繁に見られる現象である。例えば、ミドル・マネジャーが、担当部門の商品の売り上げが落ちてきているといったことが見られた時に、これを「もしかしたら自社商品の顧客への訴求点が競合の登場で陳腐化されているかもしれないし、いつもの出来事かもしれない」と多義性があるものとしてその出来事に働きかければ、その後、組織内で解釈の方向性について検討がなされる（淘汰の過程へと進む）であろう。

このイナクトメントと淘汰のプロセスには、保持からの矢印が働いている点が重要である。これは、組織が過去のこうしたイナクトメントと淘汰を通じた多義性削減の活動を通じて構築し、保持されている因果マップを信用する（図中の保持→イナクトメントの矢印の「＋」）か、信用せずに新たなイナクトメントに至るか（保持→イナクトメントの矢印の「−」）かによって、生態学的変化が多義的なものとして組織の中に取り入れられたり、多義性がないとされて取り入れられなかったりすることを意味するからである。つまり、傍から見てどんなに環境が激変しているように見えようとも、当該の組織においては、「これはいつもの出来事だ」とイナクトされている限りにおいては、その組織は何ら対応をとらないであろう。

そして、新たに多義性がイナクトされたとしても、どのような解釈が組織内で生き残るかにも、保持からのフィードバックが関わっている（保持→淘汰の「＋、−」）。多義性がイナクトされたとしても、「やはりこの環境変化は今までと変わらないもの」という解釈（保持からの「＋」）である限り、組織は変化を起こさないであろう。この多義性をイナクトし、淘汰して削減し、最終的に意味を生成することこそ、組織が日々行っていることである。ワイクは、この意味の生成過程をセンスメイキングと呼び、組織は意味を生成し続けるシステムとして組織を捉えた。

これまでの創造性についての説明と照らし合わせて考えてみると、組織はいかに多義性を取り込み、かつ、それを意味あるものとして解釈を定めていくかが問われる。つまり、新たな事象を認知した時に、その認知した事象を新たな関係性の網目の中に位置づけることができるか、ということが問われているということだ。私たちは、あらゆる物事を保持された記憶内容に関係づけて意味を構築する。「これはいつもの出来事だ」、「これはとんでもないことが起きている」、「何かこれは面白そうだ」など、私たちの解釈が変化したりしなかったりするのは、まさにそうした働きの差異によるものだ。ペニシリンの例を思い出してほしい。実験の失敗のように、違和感を生じる出来事があっても、それをどうイナクトし、多義性を削減していくのかによって、新たな発明につながったりつながらなかったりするのである。

この関係づける力については、修辞的技法のメタファー（metaphor）に着目したガレス・モーガン（Gareth Morgan）の重要な研究がある（Morgan 1986）。モーガンは、メタファーが組織の意味の生成に持つ力について着目した。その説明をする前に、まずメタファーとは何かについて述べたい。メタファーとは、単なる言語の装飾ではなく、私たちの物事の認知の根幹に関わる言語の働きであると言語学者のレイコフとジョンソン（Lakoff and Johnson 1980）は指摘している。メタファーとは「ある事柄を他の事柄を通して理解し、経験することである」（Lakoff and Johnson 1980, 翻訳書、六頁）。例えば、気分を表す時に「それは気分が上がるね」、「それは気分が沈む」などという表現をすることがある。これは、気分を上下の方向づけのメタファーが働いているものだと言え、気分は上下の関係であるようにわれわれは言語使用を通じて意識づけられている。あるいは、「人生につまずきを覚える」という時には、人生を表す上で旅や道のメタファーが働いている。メタファーの働きとは、物事と概念を関係づけ、われわれの認知を象るものだと言える。

モーガンは、レイコフとジョンソンの指摘に基づきながら、メタファーは組織の日常にもたくさん潜み、私たちの認知を形成していることを指摘する。彼は、著書『組織のイメージ』（*Images of organization*：未訳）で、これまでの組織理論を機械、生物、脳、文化、政治システム、精神の刑務所、流れと変容、支配の道具の八つのメタファーから分類し、組織をどのようなメタファーで捉えるのかによって、理論の展開が異なっていると指摘している（Morgan 1986）。そして、メタファーは私たちの認知を形成する強い働きがあり、それ故に、何かを認知できるようにすると同時に、認知できなくさせるという二面性を持っていることを指摘する。「メタファーは洞察を生み出すが、同時に歪みも生じさせる。強みもあれば限界も同時にある。ものの見方を作りだすことは、同時にものの見えなさを作り出す。従って、どのような目的にも合致する単一の理論やメタファーは存在しない」（Morgan 1986, p. 348）。つまり、私たちの組織の日常は、気が付かないうちにメタファーによって象られて、制約されている。例えば、経営戦略という概念は一九六〇年代から経営の領域で盛んに使われるようになった。だが、これも本を正せば戦争のメタファーである。「周到に戦略を策定する」、「作戦を確認しよう」、「競合相手を打ち破ろう」、「困難な状況を打破しよう」、「社員を戦力化するにはどうしたらいいか」など、私たちの組織の日常には戦争のメタファーが潜んでいる。そうすることで、よく考えられた組織運営がなされる一方で、攻撃的で、時に冷徹さを伴う判断や曖昧な言動を慎むことなどが合理化される。なぜならばここは戦場だから、ということになる。このようにメタファーは、私たちの当たり前を気が付かないうちに象り、同時に制約する。そうであれば、時に行き詰まりを感じるときには、メタファーを変えることは、私たちが捉える現実が変化するということも意味する。こうした研究は、組織開発の領域へと発展し展開されている（e.g., Barrett and Cooperrider 1990）。

先程述べたワイクの組織化のＥＳＲモデルと照らし合わせると、メタファーとは、保持された因果マップを構築するものであり、同時に、新たな事象と既存の概念を結びつけることで、イナクトメントを生み出すものでもあると言えるだろう。ワイクは、モーガンの議論なども盛り込んで著した一九九五年の『センスメーキング イン オーガニゼーションズ』の最後に、「言葉の蔵をドライにしておくこと」の重要性を述べる。私たちがいかに多義的な世界に生きているのか、その多義性の認知を左右するのは、第一に私たちの言葉の蔵、メタファーの働きにほかならないからである。メタファーは関係づけると同時に、関係を制約する。一度確立したメタファーは、当たり前のものとして私たちの思考や行為を気が付かないうちに象る。だからこそ、言葉の蔵（＝ストック）が豊かであることと同時に、それらの言葉を速やかに充てがえることが必要だと指摘するのである。

適応が適応可能性を排除する

組織の創造性という観点から、これらの議論を一度整理しておこう。組織の意味の生成パターンは、一度確立すると硬直化していく。保持された記憶内容が厚みを増し、それがイナクトメントや淘汰を強く制約するようになる時、あるいは、染み付いたメタファーによって特定の解釈の枠組みへと組織の認知が固定化されるとき、組織は目の前のさまざまな変化を取り込めなくなっていく。つまり、組織は創造性を失い、硬直化していくのである。

例えば、二〇〇〇年代半ば、アップル（Apple）からiPhoneが発売された際に、国内の携帯電話メーカーは、スマートフォンを特定の関与度の高いユーザーが使うニッチ市場の製品（いわばマニア向け製品）と解釈し、積極的な製品開発は行われなかった。その結果、携帯電話市場はスマートフォン市場に取って代わられることになり、国内の携帯電話メーカーのスマートフォン市場での地位は完全に喪失してしまった。このような事例は枚挙に暇がないだろう。

ワイクは、これを「適応が適応可能性を排除する」問題だと指摘する。過去の環境適応が、保持された因果マップを確立し、日々の業務遂行を通じてその因果マップ自体への疑問が生じなくなる。やがて環境から変化を見出せなくなり、適応可能性を喪失させるのである。このような組織化の持つパラドキシカルな力がどのように生じるのかについては、より詳細に経営戦略とイノベーションに関する研究から考える必要がある。以下ではその点について考察する。

四　関係性の固定化による組織のパラドクスとジレンマの問題

一九九〇年代の半ば以降、経営戦略とイノベーションに関する研究分野では、先に論じた適応が適応可能性を排除する、組織のパラドクスを論じた研究が盛んに議論されるようになった。まずは、その背景となった一九八〇年代から一九九〇年代初頭までの日本的経営を巡る議論に少し触れておこう。

一九八〇年代は、日本企業はイノベーティブな存在として注目され、数多くの研究が展開された。その中でも、組織の創造性に関する研究としては、竹内と野中（Takeuchi and Nonaka 1986）による日本企業の製品開発プロセスに関する研究と、ハメルとプラハラッド（Hamel and Prahalad 1990）によるコア・コンピタンス論は大きく注目された研究である。竹内と野中は、旧来の米国組織における製品開発は、職能間をリレーのバトンをつなぐように行う「リレー型開発」であるのに対し、日本企業の製品開発プロセスは、ラグビーのスクラムのように、機能間が折り重なりながら時に往還しながら開発を進めることでスピードと創造性を確立している「スクラム開発」であることを論じた。こうした事例は、榊原（二〇〇五）のキヤノンのインクジェットプリンタ事業の開発の事例などが典型的で、機能間が横断的かつ有機的に連携することで市場の独自の地位を確立することに成功している。

またハメルとプラハラッドは、NECやホンダなどの事例を取り上げながら、これらの優れた製品を生み出す企業は、背後には、その組織の中核的な能力（コア・コンピタンス）があることを指摘する。コア・コンピタンスはさまざまな製品が市場に展開されることによって、市場からのフィードバックに基づく技術開発を通じて構築される。ただし、既存の製品市場によって縦割りで事業部に分業された中では、全社的なコア・コンピタンス構築は不可能であり、日本企業の競争上の地位は、そうした部門間の壁を打破し、各製品分野横断的なコア・コンピタンスの形成に優位性があるから得られたと指摘する。これらの議論からわかることは、組織における創造性は、単に一部門や誰か一人の天才が存在することによって生じるというよりも、むしろ、そうした組織の中での部分的なイナクトメントを他部門との連携の中で具現化するという、組織の関係性構築の柔軟さによって生じるということである。

だが、これらの研究で積極的に評価された日本企業も、後に長らく業績の低迷に苦しむ時期を経験している。その背後には、当初はスクラム型で新製品開発を行っていたものの、一度製品分野が確立されることによって、その後はその事業の収益性に注目が移り、効率的に運営することが求められるようになったからである。先のワイクの議論に基づけば、保持された因果マップが確立されたことにより、組織の日常はその確立された因果マップの上で展開されることになったからだと説明できる。

創造性を阻害する組織のパラドクスとジレンマ

一度成功したこの組織が低迷していく問題を全面的に扱ったのは、ロバート・バーゲルマン(Robert A. Burgelman)とクレイトン・クリステンセン(Clayton M. Christensen)であろう。彼らは、一度成功した企業がなぜ衰退していくのか、ということをテーマに、企業内の資源配分プロセスに着目した研究を展開している。

（1）　バーゲルマンの共進化ロックイン概念

バーゲルマンは、半導体メーカーのインテルを長期にわたって調査し、新たな戦略が形成されて戦略転換が生じる過程と、その後、戦略的な成功が戦略に慣性力を生み、硬直化が生じる過程について明らかにした（Burgelman 2002）。インテルは、一九八〇年代まではＤＲＡＭメーカーであったが、競合の登場によって収益性が低下した。こうした状況で、インテルのロワー階層では、新たな事業機会の探索が積極的に行われ、ＣＰＵ（中央演算処理装置、ＭＰＵとも呼ばれる）の事業が有望であることが発見された。ロワーのメンバーはその発見に一定の合意を部門内で取り付け（推進力を得て）、ミドル階層のマネジャーに働きかけた。ミドルの階層では、事業としての可能性と旧来の戦略を見直す必要が発見された。そこで、ミドル・マネジャーは、トップ・マネジメントへ戦略のコンセプトを修正するように働きかけ、ミドルからの働きかけを元に、トップ・マネジメントであったアンディ・グローブ（Andy Groove）やゴードン・ムーア（Gordon Moore）は熟慮を重ね、インテルの戦略を旧来のＤＲＡＭ中心からＣＰＵへと大きく転換させることを決定した。その後も「インテル・インサイド」キャンペーンなどが奏功し、インテルは成長しはじめていたパーソナル・コンピュータ市場で支配的な地位を確立するようになった。

しかし、一度市場での地位を確立すると、その後は収益性を高めるべくＣＰＵの売上規模を高めることへと合理化がなされていく（図表３―２参照）。こうした動きは、インテルに限らず多くの企業で生じる現象である（Noda and Bower 1996）。その結果として、インテルはマイクロソフトの展開

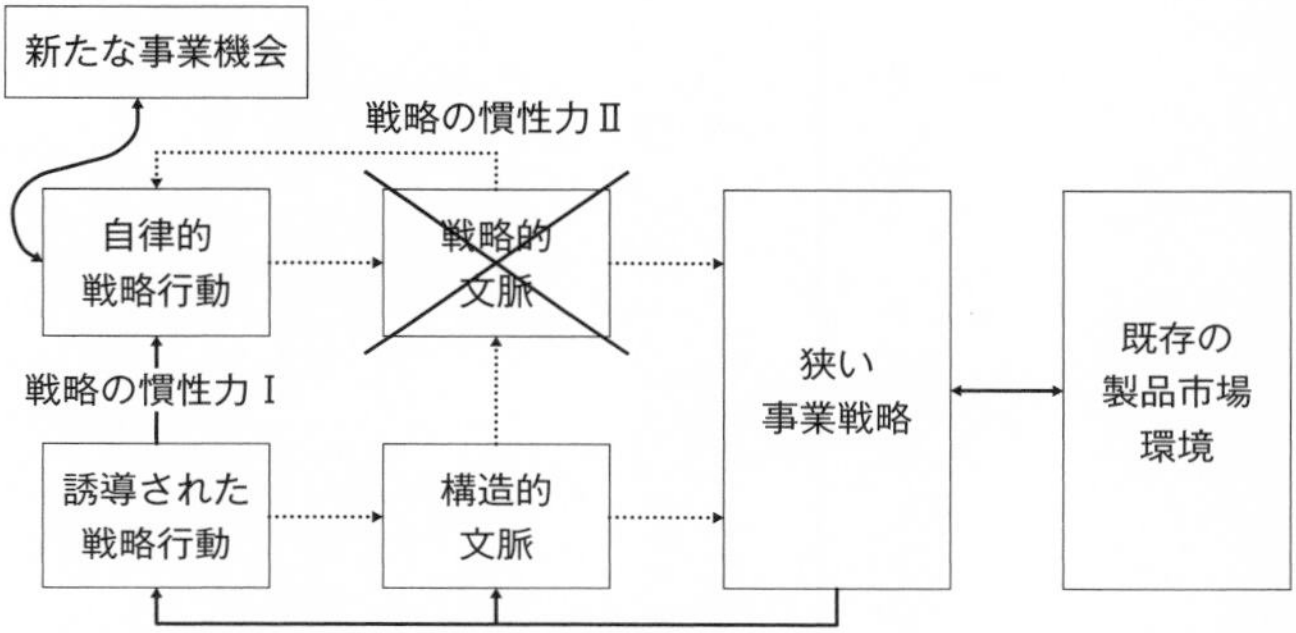

出所：Burgelman（2002）より引用。

図表 3-2　共進化ロックイン

するOSのウィンドウズの普及にあわせて大きく成長を遂げることに成功した。しかし、後にインテルは新規事業開発の停滞に苦しみ、パソコン用CPU市場以外の新規事業開発が停滞することになる。この現象をバーゲルマンは、「共進化ロックイン」と名づけた。これは市場の発展と戦略のコンセプトが共進化したことにより、企業内の資源配分パターンに慣性力が働いて固定化（ロックイン）されることを指している。インテルでは、共進化ロックインが生じることで、既存事業以外への資源配分が制約されてしまい、新規事業開発が低迷した。

　バーゲルマンは、戦略の慣性力は大きく二つ働くことを指摘する。一つは、事業機会の探索の抑制である。これは、既存事業に工数が取られることで限定されてしまうことによって生じる。つまり、新たな創造のアイデアが制約されるということを意味する。もう一つの戦略の慣性力は、よしんば限られた事業機会の探索から新規事業のアイデアが生じたとしても、盤石な既存事業に比して、成果への不確実性が高く、収益性が低いため、資源配分が限られ、事業が育たなくなってしまうという慣性力である。結果的には、戦略のコンセプトへの修正が行われない問題が生じる。

この問題をこれまで見てきたワイクの議論と結びつけて考えるならば、保持された枠組みによって、新たな事業機会などのアイデアのイナクトメントが細ると同時に、イナクトされた事業機会も組織内で容易に淘汰されてしまうことを意味する。淘汰を生じさせるのは、組織内で保持された資源配分パターンである。このパターンが慣性力を持ち、適応が適応可能性を排除するパラドキシカルな現象が生じ、結果的に組織は創造性を喪失するのである。

⑵　クリステンセンのイノベーターのジレンマ

このバーゲルマンの議論に基づき、イノベーションの制約が顧客との資源依存関係において生じることを論じたのがクリステンセンである。クリステンセンは、ハードディスク業界や掘削機業界などにおいて、イノベーションによって支配的な地位を得た企業が、既存の業界秩序を破壊するような新たなイノベーション（破壊的イノベーション：disruptive innovation）を興した他社によって市場の地位を追われることが繰り返されていることを発見し、その論理を「イノベーターのジレンマ（innovator's dilemma）」として提示した（Christensen 1997; Christensen and Bower 1996）。イノベーターのジレンマが生じる背後には、バーゲルマンの示した、企業内の資源配分パターンの慣性力と、既存顧客との関係性がもたらす組織の外的コントロール（Pfeffer and Salancik 1978）の問題がある。

既存市場で支配的な地位を築いている企業は、既存の顧客との間に強い資源依存関係が構築されている。また、既存市場においては、製品は単体で存在するのではなく、さまざまなサプライヤー（供給業者）などによって構成されたバリューネットワーク（value network）に埋め込まれている。

クリステンセンが例示した一四インチのハードディスク・ドライブ（以後一四インチなどと略す）から八インチへの移行で生じたイノベーターのジレンマの事例を説明したい。一四インチは、メインフレームのような大型コンピュータ用であり、そのバリューネットワーク内に製品も位置づけられるが、八インチは、ミニコン市場という、新たな市場とバリューネットワークの形成とともに発展する。当初、八インチはインチサイズが小さいことから記憶容量も少なく、メインフレームのために必要な容量を満たさない。従って、一四インチを部品として使用するメインフレームのコンピューター・メーカーは、八インチには関心を示さず、一四インチの記憶容量や性能向上を既存メーカーに要求するし、既存一四インチメーカーもその要望に応えることが合理的である。しかし、ミニコンのバリューネットワークが発達するに伴い、八インチの記憶容量も持続的なイノベーションを通じて増加し、メインフレームの需要も満たすだけの記憶容量を持ったハードディスクを八インチでも提供できるようになる。その結果、メインフレーム・メーカーは既存の一四インチを使う理由がなくなってしまい、既存一四インチ・メーカーは急激に需要を喪失する。だが、この段階になってしまっては、既存一四インチ・メーカーは、八インチ市場への参入に大幅な遅れを取っており、市場での地位を獲得することはできないのである。これがイノベーターのジレンマである。

この現象をワイクの示した理論から整理するならば、既存のイノベーターの企業は、資源配分パターンや既存顧客への需要に応えることの合理性など、それまでの活動からの保持された因果マップの働きにより、破壊的イノベーションへの積極的な意味づけがなされない。その結果、破壊的イノベーションに対して消極的な対応しか行わないし、その方が少なくとも短期的には既存顧客の要望に応えることにつながり、合理的である。だが、その結果、破壊的イノベーションに対して遅れを取ってしまい、市場の地位を失うというのである。

組織のパラドクスとジレンマを乗り越える

ここまでバーゲルマンとクリステンセンの議論をもとに、組織において「適応が適応可能性を排除する」現象がどのように生じるのかを考えてきた。ここからわかることは、以下のようにまとめられるだろう。組織は、環境適応を果たすと、それに即して、組織内の資源配分パターンが形成され、それと連動して事業評価や技術などへの評価をもたらす価値基準が確立する。その結果、組織は既存事業に対して効率的な事業の運営が可能になる。しかし、同時に、現在の適応している環境の外側で生じる変化に対しては、積極的な意味づけや対応を生み出せなくなる。それによって、組織の中で、新規の事業機会が発見されたり、これまでの事業とは少し距離のある技術が開発されたりしたとしても、資源配分がなされなくなる。

これを竹内と野中（一九八六）やハメルとプラハラッド（一九九〇）の指摘に照らすと次のように言える。当初、事業機会の探索に成功し、イノベーションを生み出すことができた背後には、部門内や部門間、あるいは階層間の活発なコミュニケーションがなされるなどして、積極的な意味づけ活動があった。しかし、一度事業分野が確立すると、組織の縦や横のつながりは積極的に構築することが不要になる。その結果、新たな創造的アイデアが、組織内で事業化されイノベーションの創出へと至ることが著しく制約されてしまう。

では、このような問題をどのように乗り越えていくことが考えられるだろうか。クリステンセンは、この問題への対処として、既存事業を担当する組織とは別な組織体を構築し、完全に別な価値基準（業績や人事の評価制度や品質管理基準など）で新規事業を運営することが必要であると指摘する。確かに、別な価値基準で組織が運営されることにより、既存事業の淘汰基準とは異なる環境が提供されることで、初期には脆弱なアイデアが育つ余地が生じることは想像に難くない。だが、実際には、こうした半分外部組織だが本体組織と地続きのいわゆる「出島」組織が作られたものの、十全に機能しているとは言い難いものも数多く存在する。そこには組織を分化させることにともなって生じる、コミュニケーションのインターフェースが不可欠だからであろう。では、この点をどう乗り越えていくかについて考えてみたい。

五　固定化から生成へ

ジェームス・G・マーチ（James G. March）は、日々合理化し、創造性を喪失していく組織にとって「愚かさのテクノロジー（technology of foolishness）」が重要だと述べている。「おもしろい人や組織は、自らについての一筋縄ではゆかない理論を構築する。そのために、理性（reason）のテクノロジーを愚かしさ（foolishness）のそれで補完する必要がある。また、道理に合わないことをする必要がある」（March 1979, p. 75）。

これまで見てきたように、組織は一度環境適応を果たすと、既存の活動への慣性力を有するようになり、新たな物事に対する意味づけが乏しくなる。それはより確実性の高い成果を生むという意味では、短期的には合理的で賢い行動である。だが、賢さは創造性を阻害する。賢くなっていく組織に対して、愚かさを付与することを通じて、意味づけを豊かなものに変えていくことが、組織を創造的に保つこととなのである。前節では、こうした硬直化の中で、組織内に出島を作るなどの方策が議論されていることを示したが、これも愚かさのテクノロジーの一つであろう。だが、そうした組織設計のアプローチだけではなかなか組織の意味システムは変容しない。そこには、日々のコミュニケーションのインターフェースが不可欠である。

この問題を扱ったのは、社会心理学者のケネス・J・ガーゲン（Kenneth J. Gergen）であろう。

彼は社会構成主義（social constructionism）に立ち、私たちが日々認知する意味は、客観的な現実に裏づけされているのではなく、対話的・会話的に構成されることを指摘した。例えば、私たちが挨拶をするとき「おはよう」と相手に投げかけるだろう。その際に、相手が「おはよう」と返してくるか、無視をするか、あるいは「うるさい」と返してくるか、どう応じるのかによって、元の「おはよう」の持つ意味は変わってくる。この考え方を押し広げて考えてみると、組織内で新たなアイデアに気づいた人がいたとして、その人のアイデアに周りがどのように応じるのかによって、そのアイデアが創造的で真剣に取り組むべきものか、それとも、忙しい中で検討の余地のないものか、今は検討しないが後日検討するものか、などが決まってくる。つまり、応答が何らかのアイデアを創造的にも無意味なものにもするのである。

では、この応答は単に人間の内的なパーソナリティによって決定されるのかと言うとそうではない。ガーゲンは、「合理的に考えるとは、ある文化的伝統に参加するということである」（Gergen 2009, 翻訳書、三〇二頁）と述べる。文化的伝統とは、その集団における常識の体系のことだと理解するとわかりやすいだろう。例えば、大手銀行とまだ創立して日が浅いＩＴベンチャー企業では、それぞれにおける常識は大きく異なる。あるいは、若手ロワー階層の従業員とミドル・マネジャー、ミドル・マネジャーとトップマネジメントも異なるし、研究開発部門と営業部門も異なる常識を生きている。どちらが正しいというのではなく、それぞれに参加している文化的伝統が異なるのである。これを組織で働く人々は、組織の日常を通じてそれぞれはナラティヴ（語り、物語）を生きていると言うこともできる。そして、この異なるナラティヴを生きるわれわれのナラティヴが、新たな統合を得ることができるときにこそ、われわれは何かを創造するのである。その実践を対話と呼ぶ。対話とは、他者の生きるナラティヴと自分のナラティヴとの隔たりを認め、その隔たりに統合的な視点を探索する行為である。

既存部門の営業部長であれば、日々達成すべき数字に追われながらも、打開策を探し、同時に、部下のマネジメントもしなければならない日常を生きているのかもしれない。もしもあなたが部下であるならば、異なるナラティヴを生きる上司から新たなアイデアに対する積極的な意味づけを得るためには、その人の生きるナラティヴに即して、そのアイデアに対する意味を提示するという対話的なアプローチが不可欠であろう。逆の立場もまた同様の取り組みが必要である。上位者は下位者の提案した内容にどのように応じるかによって、その提案を意味あるものにも無意味なものにもする。良い提案が出てこないという時に、提案に対して否定的・批判的な応答に終止していたならば、部下は提案をしなくなるだろう。実は自分もその提案が出て来ない問題の一部を構成していたのかもしれないと創造することは、対話的な想像力であろう。このような問題は、ジェーン・E・ダトン（Jane E. Dutton）とスーザン・J・アシュフォード（Susan J. Ashford）によって、階層の下位者が上位者に自分のアイデアを売り込む活動（イシュー・セリング：issue selling）として議論されてきた（Dutton and Ashford 1993）。また、縦方向の売り込みに限らず、部門間や部署内などにおいても対話的なアプローチについては宇田川（二〇一九）がその重要性を論じている。

組織内の他のナラティヴを生きる人への働きかけをする時、相手のナラティヴに基づく言動は、こちらには愚かなものに映ることもあろう。だが、だからこそ、相手の異なる伝統に参入することを通じて、われわれは愚かさのテクノロジーを身に着け、新たな意味を組織内に創造することに寄与するのである。

六　おわりに

組織化は組織の創造性の源泉であると同時に、組織は何かを生み出したことを通じて、創造性を喪失していく。組織の創造性には日々、このパラドキシカルな日常の中で生み出される創造性を生み出すための、愚かさのテクノロジーとして対話の実践が不可欠であろう。日常に対していつもと異なる角度から話をするという技として、組織開発の領域の研究は今日でも盛んに展開されている（Busche and Marshak 2015）。しかし、組織の創造性を巡る対話は、そうした会話的技法に限定されるものではない。むしろ、組織が創造性を再構築していく上では、マクロ組織的なデザインの設計も不可欠であろう。ミクロの実践の開発と同時に、対話的に見出された課題を具体的な組織デザインへと構築するような取り組みもあって、組織は創造性を実現できるのである。

（宇田川　元一）

注

（1）「1928　世界を変えたカビ」『ファイザー株式会社ウェブサイト』（https://www.pfizer.co.jp/pfizer/company/history-us/1900-1950.html　最終閲覧日：2022年8月10日）

第四章　組織ルーティンの遂行性と創造する官僚制組織

本章では、官僚制組織の特性の一つである標準化の観点から、これまで硬直的なイメージで語られてきた官僚制組織の創造的側面を明らかにする。

第一節では、官僚制組織を硬直的なイメージで捉えた言説を取り上げ、その背後には、標準化の手段である規則や手順が組織の慣性を生み出し、創造性が阻害されるという一般的な理解があることを示す。第二節では、組織ルーティン（以下、ルーティン）の遂行性に注目した学説を検討し、慣性の原因とされてきたルーティンが、それを遂行する実践の中で維持または変化する動態性を持つことを明らかにし、ルーティンが組織の創造性を阻害するという通説がまったくの誤解であることを示す。第三節では、官僚制組織の動態性を組織学習として概念化したカーネギー学派の議論を再訪し、ハーバート・A・サイモン（Herbert A. Simon）の準分解可能性と呼ばれる組織デザイン原理の観点から、官僚制組織に創造性が備わるロジックを確認する。最終節では、ダイアン・ヴォーン（Diane Vaughan）によるチャレンジャー号爆発事故のケースを取り上げ、官僚制組織の創造性は、長期的に見て、組織にとって必ずしも望ましい成果に結びつくとは限らないジレンマを抱えていることを指摘する。

一　官僚制批判の言説

硬直的なイメージで語られる官僚制組織

マックス・ウェーバー（Max Weber）によれば、官僚制組織の特徴としては、㈠規則によって秩序化された明確な権限、㈡監督を伴う上下関係の体系（階層性）、㈢文書に基づく職務遂行、㈣専門的訓練を前提とした職務遂行、㈤特定の職務への専従、㈥明確かつ網羅的で習得可能な規則による職務遂行、が挙げられる（Weber 1947, 翻訳書、二二一―二二五頁）。また、組織構造の測定尺度を開発したイギリスのアストン研究では、官僚制組織を含めた古典的組織理論の構造特性として、次の六つの次元が識別された。それは、㈠分業がどの程度進んでいるかを示す「専門化」、㈡手続や手順がどの程度利用可能かを示す「標準化」、㈢規則、手順、指示、コミュニケーションがどの程度文書化されているかを示す「公式化」、㈣最終的な意思決定が行われる階層の高さを示す「集権化」、㈤組織図に含まれる役割構造の型（職位数、統制範囲、上司に対する部下の比率、直間比率など）を示す「コンフィギュレーション」、㈥標準化が慣習（暗黙のうちに正当化され、口頭で伝達される手続）に依存している程度を示す「伝統主義」、である（Pugh et al. 1968, pp. 72-81）。

こうした特性を持つ官僚制組織は、精確さ、恒久性、規律、厳格さおよび信頼性の点で他の組織形態より優れており、かつ組織成員の計算可能性を高め、最高度の能率を実現することから、合理的な支配形態と考えられてきた(Weber 1947, 翻訳書、四四頁)。だがその反面、これらの特性が組織の創造性や柔軟性を阻害するものと見なされ、特に、標準化の手段である規則や手順が問題視されてきた。例えば、ヘンリー・ミンツバーグ(Henry Mintzberg)は、組織形態を㈠単純構造、㈡機械的官僚制、㈢プロフェッショナル的官僚制、㈣事業部制、㈤アドホクラシー、の五つに分類したうえで、機械的官僚制の問題点として、退屈で単調な作業、従業員の疎外感、組織の肥大化と柔軟性の欠如を挙げた(Mintzberg 1981, p. 109)。同様に、ゲイリー・ハメル(Gary Hamel)も、標準化が規則や手順に対する病的なまでの偏愛を生み出し、組織の創造性が阻害される危険性を指摘した(Hamel and Breen 2007, p. 152, 翻訳書、一九三頁)。

組織の慣性

官僚制組織がこれほどまでに硬直的なイメージで捉えられるのは、組織成員の行為が規則に規定されるという素朴な理解によるところが大きい。事実、標準化と密接な関わりを持つ概念の一つであるルーティンの捉え方を見ると、集団の反復的な相互作用であるルーティンが組織の慣性を生み出すという誤解が根づいている。

例えば、リチャード・R・ネルソン(Richard R. Nelson)とシドニー・G・ウィンター(Sidney G. Winter)による『経済変動の進化理論』(一九八二)では、ルーティンが遺伝子のアナロジーで捉えられ、ルーティンが組織の知識の担体になることで企業行動の安定性が確保され、それが変化することで企業行動に変化が生じると考えられた。そこで彼らは、ルーティンを「企業の規則的で予測可能な行動パターン」(p. 14, 翻訳書、一六頁）と定義したが、ここにルーティンを反復的な（予測可能な）行動として理解する誤りがあった。生物学上、ある個体が持つ遺伝子構成を指す「遺伝子型(genotypes)」とそれが形質として表現された「表現型（phenotype)」が一致するとは限らない。環境との相互作用によって遺伝子型の発現形態が変わるためである。それにもかかわらず、彼らは両者を混同してルーティンを説明したため、ルーティンが企業行動を規定するという誤解が生じてしまった（Hodgson 2003, pp. 363-365)。

また、ルーティンの硬直的なイメージによって、組織の慣性という問題が焦点化された。例えば、Hannan and Freeman（1984）は、組織がルーティンやルーティンを変える規則の面で構造的慣性を持つことを指摘した。それゆえ、これ以降の組織論では、慣性を打破する組織変革が重要なテーマとされ、近年では、組織が新しい知識の探索（exploration）とすでに持っている知識の活用（exploitation）を両立させる両利き経営（O'Reilly and Tushman 2016）が注目されている。この議論では、探索と活用のトレードオフが問題視される。どちらの学習にも慣性が働き、過剰な探索は失敗の罠、過剰な活用は成功の罠を招くからである（Levinthal and March 1993)。本来であれば、探索も活用もルーティンの一つに過ぎないはずだが、トレードオフや慣性が問題視されているところを見ると、それだけ組織の実践がルーティンに規定されるという素朴な想定が浸透していることが窺える。

二　組織ルーティンの遂行性

本節では、これらの誤解を解くべく、ルーティンとそれを遂行する実践の関係を再考した学説を紹介する。具体的には、ルーティンを制度概念として結晶させたジェームズ・G・マーチ（James G. March）の学説、ルーティンを直示的側面と遂行的側面の二重性として定式化したマーサ・S・フェルドマン（Martha S. Feldman）とブライアン・T・ペントランド（Brian T. Pentland）の学説、Nelson and Winter（1982）を発展的に継承し、ルーティンを傾向として捉えたジェフリー・M・ホジソン（Geoffrey M. Hodgson）の学説である。これらは、理論的背景や使用する概念こそ異なるものの、いずれもルーティンが実践の中で維持または変化する動態性を持つ点を強調しており、ルーティンの硬直的なイメージや組織の慣性がまったくの誤解であることを示唆している。

制度としてのルーティン

ルーティンの原初的概念を考案したのはカーネギー学派であり、『経営行動』（Simon 1997）における習慣（habits）、『オーガニゼーションズ』（March and Simon 1958）における実行プログラム（performance programs）、『企業の行動理論』（Cyert and March 1963）における標準業務手続

（standard operating procedures：以下、ＳＯＰｓ）がこれにあたる。これらは手順書やマニュアルのように人工物として明文化されている場合もあれば、慣習のように成文化されずに組織成員の記憶に蓄積されている場合もあるが、認知能力に限界を持つ人間が意思決定プロセスを省略するために使用するヒューリスティクス、即ち「if～, then～」という条件式で表されるような認知のパターン（型）を意味する点では共通する。

ここで重要なのは、これらの概念が行為を規定するものとして扱われていない点である。『オーガニゼーションズ』では、実行プログラムが行為を始動させる実行戦略に近いものとして説明されており（p. 142, 翻訳書、二一六頁）、『企業の行動理論』の第二版（Cyert and March 1992）で追加された結語では、ＳＯＰｓが状況に合わせて適切な行為を選択する際に利用される決定ルールとして説明されている（p. 230）。カーネギー学派を再評価しネオ・カーネギーを標榜するジョヴァンニ・ガベッティ（Giovanni Gavetti）らは、この含意を見落とし、遺伝子型としてのルーティンとそれを表現した行為の違いを等閑視した Nelson and Winter（1982）を痛烈に批判した（Gavetti et al. 2007, pp. 526–527, 534）。

この含意を前景化すべく、カーネギー学派の旗手でもあったマーチが、後にルーティンを制度として捉えたことは注目すべき点である。組織成員はルーティンをつうじて自分が取るべき行動の範囲や選択肢を見出すため、その意味で、ルーティンは人々の行為を方向づける性質を持つ。だが、ルーティンはあくまでも行為のパターン（型）を指図するものであるため、行為の制約条件でありつつも、行為を反復化ないしは硬直化させるわけではない（March and Olsen 1989, pp. 21-26, 翻訳書、二九―三六頁）。マーチが制度という概念を用いたのは、このルーティンと実践の非決定論的関係を強調するためであった。

ルーティンの二重性[1]

Feldman and Pentland (2003) は、ルーティンを「複数のアクターによって遂行されている、相互依存的な行為の反復的で認識可能なパターン」(p. 95) と定義し、実践から抽象化された行為のパターンとそれを遂行する行為の違いを、ルーティンの直示的側面 (ostensive aspects) と遂行的側面 (performative aspects) として区別した。直示的側面は「ルーティンの理想的または概略的な形式で、それはルーティンの抽象的で一般化された概念、あるいは原理的にはルーティンそのもの」、遂行的側面は「特定の場所および時間における特定の人々による特定の行為」と定義される (p. 101)。

直示的は言語学の用語である。言語には指示対象を確定しきれない不確定性テーゼが存在するため、具体例を示しながら言語の意味を説明するほかない。[2] ゆえに、言語はそれが使用される行為の中で遂行的に定義される。ここでは、フェルドマンとペントランドが具体例として挙げた採用のルーティンで、この点を確認しておこう。採用ルーティンの内容は、求人広告を出す、応募書類を受け付ける、応募者を選考する、といった実例で示される（これが直示的側面）。これらは実践から抽象化された認識可能な行為のパターンであり、具体例を指し示すことで実際の行為をガイドするが、行為の内容までを規定するものではない。しかも、実際の行為は状況依存的であるため、採用ルーティンを遂行する行為には多様性が見られ（これが遂行的側面）、そこから新たなパターンが生み出されたり、ルーティンが変化したりする場合がある。つまり、直示的側面としての行為のパターンは、ルーティンを遂行する中で維持されつつ変化もするという二面性を持つのである。

傾向としてのルーティン

Nelson and Winter（1982）のルーティン概念を修正することで、ルーティンと実践の関係を捉え直したのがホジソンである。彼は、遺伝子型と表現型の違いを存在論上の位相の違いと捉え、ルーティンを傾向（dispositions）と定義した。これはジョン・デューイ（John Dewey）の習慣概念に倣ったもので、ルールのようなメカニズムを持った生成的構造と定義される（Hodgson 2003, pp. 365-366）。われわれは、習慣と聞くと特定の行為を繰り返すイメージを抱くが、デューイの習慣概念は「反応の仕方あるいは様式に関する後天的な傾向」（Dewey 1922, p. 42）と定義され、行為そのものではなく潜在的な行為のレパートリーを指す。従って、それは過去の行為や思考の反復によって形成され、耐久的で自己維持的な性質を持つだけでなく、さまざまな行為を生み出す可能性も持つ（Hodgson 2003, pp. 372-373）。つまり、デューイは習慣によって行為の安定と変化の二重性を捉えており、ホジソンもこの観点からルーティンを再定義することで、Nelson and Winter（1982）の進化論的アプローチを継承した制度派経済学を構想した。

三　創造する官僚制組織

官僚制組織の動態性と組織学習

以上の議論から示唆されるのは、ルーティンの遂行性を前提とすれば、組織の慣性や官僚制組織に対する硬直的なイメージは、われわれが作り上げた疑似問題に過ぎないという点である。確かに、ルーティンは規則やＳＯＰｓによって構造化されるが、両者が必ずしも一致するわけではないため（Pentland and Feldman 2005）、ルーティンに導かれた行為を契機とした組織の変化を論じる余地が出てくる。じつは、この含意を組織学習として概念化し、官僚制組織の創造的側面に注目していたのが、カーネギー学派であった。Perrow（1972）や野中（一九七四）では、『経営行動』や『オーガニゼーションズ』がネオ・ウェーバー・モデルとして評価されている。確かに、カーネギー学派は決定前提のコントロール・メカニズムを精緻化することで官僚制モデルを発展させたが[3]、ここで見過ごしてはならないのが、官僚制組織の動態性に伴う組織の学習を展望していた点である。

『オーガニゼーションズ』において、この点が明示的に述べられているのが、第六章と第七章で議論されている（実行）プログラムの変化である。プログラムは三層で構成され、最下層が課業を遂行するためのプログラムのレパートリー、中層がプログラムの適用条件を指示するプログラム（切替えルール）、最上位がプログラムを作成・改訂するために用いられるプログラムとなる。組織は日常的に問題解決を行っており、短期的には中層の切替えルールに従って、最下層のプログラムのレパートリーの中から適切なプログラムが選択される。だが、当該プログラムに導かれた行動が満足水準に達する成果を生み出さなかった場合、組織は最上位のプログラムに従ってレパートリーの中にプログラムを追加したり、既存のプログラムを修正したりする。マーチとサイモンは、この適応行動を組織学習と呼んだ（p. 170, 翻訳書、二五九―二六〇頁）。

同様に、『企業の行動理論』では、ＳＯＰｓが一般選択手続（general choice procedure）と特定の標準業務手続（specific standard operating procedure）に分類されている。前者は、組織目標の決定、注意の配分、探索活動といった、全社レベルでの意思決定に関わる高次のルールを意味し、後者は、書類の保存方法や情報伝達の仕方といった、日常業務レベルでの意思決定に関わる低次のルールを意味する。組織目標が達成されなかった場合、組織は代替案を探索して低次のルールを変更するが、それでも問題が解決されなかった場合は、高次のルールを見直し、組織目標や注意すべき環境の範囲、代替案の探索方法の修正を行う。サイアートとマーチは、前者を短期適応、後者を長期適応と呼び、長期適応を組織学習として定義した（pp. 99–104, 123–125, 翻訳書、一四四―一五一、一八〇―一八三頁）。

さらにこの論点は、Nelson and Winter（1982）のルーティンの変化を説明するロジックにも受け継がれており、『経済変動の進化理論』では、『オーガニゼーションズ』や『企業の行動理論』では具体的に論じられていなかった、ルーティンの探索プロセスが明らかにされた。即ち、他の組織のルーティンを探索し、それに解決策や代替案の可能性が見出された場合、組織はそれを模倣するか（pp. 123-124, 翻訳書、一五三―一五五頁）、既存のルーティンと結合して新たなルーティンを生み出すことで（pp. 128-131, 翻訳書、一六一―一六五頁）、既存のルーティンを変化させるのである。

準分解可能性とエフェクチュエーション

こうして見ると、カーネギー学派は、組織成員の多様な反応やそこからの変化を含み込んだ組織デザイン論を展開していたと考えられるが、この背後には、組織を準分解可能システム（nearly decomposable systems）として捉えるサイモン独自のデザイン観がある。

『システムの科学　第三版』（Simon 1996）によれば、社会的システム（家族、村落、行政区画、国など）、生物的システム（細胞、組織、器官など）、記号システム（単語、句、節、章など）などのシステムは、下位システムが重層的に連なった階層性を持つとされる（pp. 183-188, 翻訳書、二一九―二二四頁）。下位システム間には相互作用が見られるが、その程度には差異がある。安定した原子で構成される分子のように、相互作用がほとんど見られない（他から独立した）システムは分解可能なシステムと呼ばれ、社会的システムのように、相互作用がまったくないわけではないが、全体に与える影響が無視できるほどまでに弱いシステムは準分解可能システムと呼ばれる(4)（pp. 197-198, 翻訳書、二三五―二三六頁）。準分解可能システムの特徴は、下位システムの作動が、短期的には他の下位システムから独立しているが、長期的には他の下位システムに依存する点にある。これは裏を返せば、準分解可能システムでは、ローカルの偶発的な相互作用をつうじてシステム全体が変化する可能性があることを意味する。

このことは、先述した『オーガニゼーションズ』のプログラムの議論にも現れている。プログラムの形成には手段—目的分析（means-end analysis）が用いられるが、その理由は、独立した下位システムに細分化された目標を与えることで、全体としての組織目標を効率的に達成できるだけでなく、下位システム間のコンフリクトやバーゲニングを契機としたプログラムの革新が期待できるためでもある（pp. 190-199, 翻訳書、二九一—三〇六頁）。つまり、準分解可能システムとしての官僚制組織は、専門化（分業）や標準化によって安定した組織運営を可能にすると同時に、複雑な問題処理や変化への対応を可能にする動態性を持った組織なのである。この相互作用は、下位システムに分解することで初めて生じる創発特性と言い換えることができるだろう。

このアイデアのルーツとなったのが、チェスター・I・バーナード（Chester I. Barnard）の意思決定論、特に、戦略的要因の理論である。バーナードの意思決定論における目的—手段分析は、組織内のさまざまな職位の人間によって担われる、連続的な戦略的要因の探索プロセスである。通常、目的の決定は上位の管理者によって行われるが、手段の選択（目的の細分化）は下位組織の人間によって行われる。そこでは、組織成員が細分化された目的を参照して絶えず新しい環境を識別し、場合によっては、上位の目的を変更することもある（Barnard 1938, pp. 196-197, 205-206, 翻訳書、二〇五—二〇七、二一六頁）。『オーガニゼーションズ』のプログラムの議論は、バーナードのこうした議論を下敷きにしたものであり、組織がプログラムを形成することは、それによって対処すべき環境が識別され、それに適応すべくプログラムを修正する動態性を含んだプロセスなのである（March and Simon 1958, pp. 169–171, 翻訳書、二五八―二六一頁）。

さらに、この含意を組織のデザイン原理から起業家の意思決定原理へと展開したのが、サイモンの最晩年の弟子であるサラス・D・サラスバシー（Saras D. Sarasvathy）の『エフェクチュエーション』（二〇〇七）である。エフェクチュエーション（effectuation）は起業家的行為のモデルの一つであり、コーゼーション（causation）の反意語である。コーゼーションに基づく行為では、所与の目的を達成する手段の選択という、伝統的な目的―手段分析が前提とされるのに対して、エフェクチュエーションに基づく行為では、手段を所与として行為を開始し、そこから新しい目的を創り出すことが前提とされる。そこでは、目的と手段の関係が反転し、手段を使って何ができるかが問われることとなり、起業家の意思決定が選択の問題（特定の結果を生み出すために、選択肢の中から手段を選ぶこと）から、デザインの問題（特定の手段を使って、可能な結果をデザインすること）に変換される⑤（pp. 16, 73–75, 翻訳書、二〇―二一、九四―九七頁）。

サラスバシーは、エフェクチュエーションと準分解可能性の共通性が、局所性と偶発性を利用している点にあると述べている。エフェクチュエーションは、しばしばパッチワーク・キルトの製作になぞらえられるが、キルト作家は布のパッチをその都度組み合わせながら、偶発的に生み出される絵柄やパターンをうまく利用してキルトを完成させる。同様に、準分解可能システムとしての組織は、専門化や標準化によって下位システムの局所最適を目指すと同時に、偶発的に生じる下位システム間の相互作用やコンフリクトに適応したり、それを利用したりすることによって、外部環境の変化に適応しながら存続していく（pp. 163-166, 翻訳書、二一四―二一八頁）。

四　創造性のジレンマ

これまで見てきたように、官僚制組織は組織の環境適応につながる創造性を発揮するが、それが組織にとって必ずしも望ましい成果に結びつくとは限らない。短期的には望ましい成果であっても、長期的にはそれが一転して、組織の失敗に結びつく可能性がある。最終節では、ヴォーンのチャレンジャー号爆発事故のケース（Vaughan 1996）を検討することで、この点を例証する。

一九八六年一月二八日、ＮＡＳＡのスペースシャトル「チャレンジャー号」が、打ち上げから七三秒後に爆発した。事故の直接の原因は、固体ロケットブースター接合部を密封するOリングの損傷であった。Oリングはゴム製で、パーツ間の隙間を塞ぐ役割を果たすが、発射当日の気温が異常に低かったため、ゴムが硬くなってその機能を果たせなかった。結果、発火時の高温ガスがOリングを侵食し、ブースターの継ぎ目から高温の燃焼ガスが漏れ出て、燃料タンクに引火し、シャトルが爆発してしまった。

事故調査委員会の報告書では、ＮＡＳＡが意図的に安全規則を違反したことが原因とされた。打ち上げ前夜に行われた深夜の電話会議で、請負業者のエンジニアが打ち上げに反対していたにもかかわらず、NASAの管理者がその情報を隠蔽したからである。しかも、Oリングの問題は、社内や請負業者のエンジニアからたびたび指摘されていた。それにもかかわらず、NASAが打ち上げを強行した背景には、生産上の圧力があった。NASAの管理者はタイトなスケジュールによるプレッシャーを常に感じており、安全規則を違反してでも時間通りに打ち上げることを優先したのである。

これに対してヴォーンは、逸脱だと思われたNASAの行動が、じつは安全基準に従ったものだという正反対の見解を示した。彼女がチャレンジャー号打ち上げ時の意思決定プロセスを再度調べ直したところ、NASAはOリングの異常を「受容可能なリスク」と判断しており、請負業者のエンジニアも同様の認識を持っていたのである。事故調査委員会のメンバーでもあった物理学者のリチャード・P・ファインマン（Richard P. Feynman）は、この判断がロシアン・ルーレットと大差ないとして厳しく批判した。また、この発言を受けた委員会も、NASAがリスクを認識しながらも打ち上げを強行したという結論を出した。だが、シャトルの技術はそもそも実験的な性格を持っており、リスクを完全に排除できるわけではない。だからこそ、エンジニアは残存リスクが許容できるかどうかを判断しなければならず、この考え方は、最初の打ち上げ時から社内で共有されており、内部文書にも明記されていた。しかし、委員会はこの文書を確認せずに結論を出したため、受容可能なリスクの判断をロシアン・ルーレットと誤解してしまった。事実、Oリングの損傷については過去にも同様の事象が発生していたが、工学的な技術分析に基づいてリスクの許容度が判断され、ミッション終了後に定量化されて、それ以降の技術基準として参照されていった。つまり、NASAは意図的に逸脱したのではなく、むしろ安全基準に従って意思決定を行っていたのである。

ここでいう安全基準は標準化されたプログラム（規則）であり、NASAはこのプログラムをもとにOリングの評価ルーティンを形成していた。とはいえ、ルーティンの遂行性の議論を踏まえれば、安全基準が評価ルーティンの遂行的側面を規定していたわけではなく、Oリングを評価する実践の中で評価ルーティンが変化し、それにともなって安全基準も変化していったと考えられる。これは短期的に見れば、組織の適応的変化を生み出す学習であり、官僚制組織の創造性として評価することができる。だが長期的に見れば、組織学習によって改定された安全基準が、知らぬ間にOリングの破損に関する技術的な閾値を超えてしまい、事故が起きてしまったということができる。前述したように、技術的なリスクを完全に取り除くことはできない。事実、固体ロケットブースターのチーフエンジニアは「当時のロケットブースターが技術的にベストな設計であったわけではないが、誰も何が問題なのかを特定できなかった」と述べている。だからこそ、安全基準を形成・改定する学習が必要となるが、この学習によって、安全基準がドリフトしてしまったのである。

このケースから示唆されるのは、組織の創造性にはジレンマが内在するという点である。組織の環境適応において、官僚制組織の創造性が重要になることは間違いないが、マーチ（一九九一）が指摘したように、学習や創造性には組織を誤った方向に導く可能性があることを忘れてはならない。しかも、ルーティンを遂行する当事者が事後的にしか気づけないところに、この問題の難しさがある。その意味で、組織学習は中立的に評価すべきものであり、われわれは、官僚制組織の創造性に孕むこうした不可逆的な矛盾と向き合っていかなければならない。

（吉野 直人）

注

（1） フェルドマンとペントランドの二重性モデルの理論的背景、その後の展開や理論的課題については、吉野（二〇二二）を参照されたい。

（2） 廣松ほか（一九九八）、『岩波 哲学・思想事典』岩波書店、一〇九一頁。

（3） 『経営行動』では、組織の影響メカニズムとして、分業、標準業務手続、権限体系と階層組織、コミュニケーション経路、訓練が挙げられており（p. 112, 翻訳書、一七一―一七二頁）、『オーガニゼーションズ』では、目立たないコントロールとして、不確実性の吸収、組織の用語、プログラム化された仕事、手続上と実際上のプログラム、原料の標準化、コミュニケーション経路使用の頻度、単位とプログラムの相互依存などが挙げられている（Perrow 1972, pp. 156–157, 翻訳書、二一四―二一六頁）。

（4） サイモンが組織を準分解可能システムとして捉えたのは、それが組織を正確に描写できるという理由からではない。これはサイモンが考案した分析前提とでも呼ぶべき概念であり、普通であれば、われわれの理解を超える複雑な現象を理解あるいは記述可能にするところに意義がある（Simon 1996, pp. 207–208, 翻訳書、二四五―二四六頁）。

（5） ただし、理論的には二つのアプローチが識別されるものの、実際には、起業家は両方のアプローチを組み合わせながら意思決定を行っている点に留意されたい。

第五章　創造性の組織デザイン

一　はじめに――アンチ官僚制をこえて――

この章では、経営学における創造性をめぐり、もっぱらアンチ官僚制の立場から論じられてきた通説的な組織デザイン論の一方で、制度派組織論をはじめ、マックス・ウェーバー（Max Weber）の近代化論において合理合法性を具現化した組織として位置づけられる官僚制の理論的再検討を通じて、経営学における創造性に対する新たな接近を図ってきた近年の組織理論の視点を紹介していきたい。最初に言っておくと、これらの議論は必ずしもわかりやすいものではなく、逆にわかりやすさを求めた単純化による誤解と批判が繰り返されてきた経緯があり、これらの論争を通じて理論的エッセンスを押さえてもらいたい。

さて、官僚制に対して、われわれはどのようなイメージを抱いてきただろうか。おそらく、創造性とは対極にある「何か」であろう。トップダウンで与えられた形式的なルールへの遵守によって、人々の主体性や自由な思考が損ねられ、組織の多様性が失われ、結果として外部環境の変化への適応も妨げられる。そういうヒールとして、官僚制は位置づけられてきたのではなかろうか。この悲観的なイメージが、後に触れていくような、さまざまなアンチ官僚制論を生み出してきたのであろう。

こうした悲観的なイメージは、社会科学の諸理論にかかわらず、広く一般的にも共有されたものであろう。このイメージをとてもよく掴んだ実例を一つだけ挙げておこう。日本タバコ（JT）が、二〇一三年に三五年間販売されていた同社の人気銘柄であった「マイルドセブン」を、グローバルブランドにするべく「メビウス」と名称変更した際のキャッチフレーズである。(1) このキャッチフレーズを見た当時の大人たちは、少なからず胸を熱くしていたであろう。

「超えていこう。これまでの限界を。誰かが決めた境界を。古くさい常識を。つまらない束縛を。そこから、あたらしい可能性が生まれる。あなたに自信と勇気をもたらす、無限に広がる可能性が。超えていこう。あなたが生きるこの世界を、どこまでもスムーズなものへと拡げていくために。超えていこう。留まることなく、颯爽と。超えていこう。マイルドセブンそのものを。超えていこう。ただこのあたらしい可能性、次から次へと生み出していくために。無限に拡げていくために」。

ここで重要なのは、こうした官僚制を念頭に置いた悲観的なイメージは、決して新しいものではないことである。経営学において、本格的に創造性の組織デザインを論じた *Management of*

Innovation を著したバーンズとストーカー（Burns and Stalker 1961）は、このことについて、一九九四年に出版された第三版への序言で興味深い考察を残している。即ち、学術研究においても官僚制に対する悲観的なイメージが持ち込まれたことは、一九五六年にウェーバーの『経済と社会』（*Economy and Society*）の全文が英訳されて出版されるまで、真剣に理論的な検討がされていなかったことがその原因の一つにあるのだと。

つまり、官僚制が創造性に寄与しないということが理論的に明らかであったわけではなく、われわれ研究者が官僚制に対して惹起した悲観的なイメージを持ち込んでいたというのである。組織理論家であるモーガン（Gareth Morgan）は、経営学の組織理論を研究者が参照しているさまざまなメタファーで分類したが、そのメタファーのなかでも最初に来るのが「機械」としてのメタファーであり、そこには、われわれがアンチ官僚制を唱えたくなるような悲観的イメージが集約されている。

もちろん、いわゆる言語論的転回（linguistic turn）における、思考に対する言語の先行性を考えれば、われわれの思考が何某かのメタファーに依ることを否定することはできない。ただし、ある概念が特定のメタファーをもとに何を論じようとしていたのかという思考を追うことはできるし、そこにわれわれの常識を打破する手がかりもあろう。本章では、われわれが有するメタファーのうち、最も典型的かつ強力な官僚制を改めて問い直し、創造性の組織デザインにおける、今日的な論点を押さえていきたい。

二　両利き経営の組織デザインとイノベーション・マネジメント

さて、われわれ研究者もまた、何某かのメタファーに惹起されたイメージから自由ではないことを指摘してきた。繰り返し強調すると、このイメージは、それがどのようなものであろうが、われわれの思考や認識の根拠になるものであり、決して排除するべきものではない。それゆえ、官僚制の悲観的イメージもまた、これからも繰り返し持ち込まれることになるであろう。

それが最も象徴的に現れている、最新の研究動向の一つが、オーライリーとタッシュマン（O'Reiry and Tushman 2016）が火付け役となった、「両利き経営（organizational ambidexterity）」であり、今日の経営学において創造性の組織デザインを語る上では欠かせない概念であろう。彼らは、近年のイノベーション・マネジメントで一世を風靡したクリステンセンによる『イノベーションのジレンマ（*The Innovator's Dilemma*）』（Christensen 1997）を克服することを目的に据え、企業のイノベーション・マネジメントには、既存の知識の深化が求められる主力事業の開発（exploitation）と、新たな知識の創造が求められる新規事業の探索（exploration）の双方を両立させることが求められるとする。

彼らの発想の理論的根拠とされているのが、他の章でも取り上げられている、マーチ（James G. March）らによる開発と探索のトレードオフである（March 1991; Levinthal and March 1993）。マーチらによれば、開発と探索のマネジメントは、企業が有する短期的課題と長期的課題に対応するものであり、組織内で異なる能力を必要とする活動である。その上で経営者は、組織が持つ有限の資金や人的資源などを、それぞれの活動にどれだけ使うか、バランスを考えなければならないと考えたのである。組織の意思決定前提が経営者の思考を規定するという強い理論的想定が置かれており、そのことを指してペロー（Charles B. Perrow）は、彼らの研究を「ネオ・ウェーバリアン」とも呼んでいた（Perrow 1972）。

さて、マーチたちの議論を前提とすれば、企業の安定的なオペレーションと新規事業などのイノベーションは根源的なジレンマを抱えていることになるわけだが、この問題を企業内の組織デザインを通じて解消しようとするのが、両利き経営の基本的発想になる。この発想自体は、コンティンジェンシー理論におけるダンカン（Duncan 1976）に遡ると言われるが、同種の発想はもっと遡って見つけることもできよう。例えば、バーンズとストーカーによれば、既存の古典的な管理原則とは異なるマネジメントを求める議論は、経営学の創成期にあたる人間関係論（とりわけ非公式組織のマネジメント）にすでに見出されていたという。事実、レスリスバーガーの組織行動論講座を引き継いだローレンスとローシュによって提唱されたのが、環境変化に応じた分化と統合メカニズム（特にリーダーシップスタイル）の並置であった（Lawrence and Lorsch 1967）。その後にDavis and Lawrence（1977）では、機能別組織とプロジェクト組織の異なったマネジメントを両立させようとするマトリックス組織のツーボス・システムが論じられたが、同時に（両利きの）マネジメントの難しさも指摘されていた。

もちろん、今日流行りの両利き経営の研究では、現代的なアップデートがされている。岩尾・塩谷（二〇二二）は、今日の両利き経営に関する研究動向を包括的にレビューし、ダンカンが議論するような既存事業と新規事業の併置に留まらず、さまざまな文脈で整合性（alignment）と適応性（adaptability）を同時に達成する視点へと拡張され（Gibson and Brikinshaw 2004）、個人レベル、組織の内的構造レベル、組織全体の変化に注目する時間レベル、組織間ネットワークレベルに細分化して検討することができ、さらにはこれらの複数のレベルを相互に参照するマルチレベルの分析の必要性を論じている。確かに、このような多様な文脈を設定することで、両利き経営はこれらの多様な組み合わせによって、企業のイノベーション・マネジメントに対する、さまざまなインプリケーションが得られそうである。また、このようなインプリケーションが得られる限りにおいて、ダンカンのモデルは理念型として、うまく機能しているわけである。

他方で、理論的な原理原則に立ち戻ってみれば、両利き経営は、開発と探索のマネジメントという、根源的なジレンマがその根底にあり、それらを調整する何某かの理論的仕掛けが必要になってくる。オーライリーとタッシュマンによれば、それは、既存の知の深化と新たな知の創造の双方が重要であることを受け止める組織文化であり、さらには、そうした組織文化の形成を率いるリーダーシップである。(2) もちろん、こうした両利き経営を可能にする組織文化やリーダーシップ自体も、古くはLawrence and Lorsch（1967）が指摘していたことであり、さらには異なった組織的課題に対応するリーダーを配置するマトリックス組織のマネジメントの困難にも示されていたように、根源的な問題を先送りにしているとも言えよう。ちなみに、組織変革のさまざまな理論的トレードオフを克服するために、よりメタな組織文化とリーダーシップに背進していくことも、これまでの経営学において、よく見られてきた論理展開なのである（松嶋 二〇一五）。

三　官僚制を再訪する経営学

前節では、今日の経営学における創造性の組織デザインを探求するフロンティアの一つである、両利き経営を見てきた。それは間違いなく、イノベーション・マネジメントに一定のインプリケーションを生み出す可能性を有している。他方で、この理論の前提が、官僚制、特にトップダウンのルールが人々の思考や行動を拘束しているという、悲観的イメージをもとに成立していることも理解していただけたと思う。

本節からは、創造性に寄与する組織デザインとして、もう一つの理論的可能性を見ていきたいと思う。それは、悲観的な官僚制イメージに基づいたアンチ官僚制論ではなく、官僚制に対する理論的再訪によって、制度と創造性の理論的パラドクスを根源的に解きほぐしていくアプローチである。

イノベーション・マネジメントにおいて、明示的にそのアプローチをとっていたのが、本章の冒頭でも触れたバーンズとストーカーに他ならない。バーンズとストーカーといえば、コンティンジェンシー理論の古典としてよく知られた存在であり、特に機械的組織と有機的組織の分類については、初級テキストでも必ず取り上げられる内容であろう。そして、この有名な組織デザインの分類は、当然ながら同じくコンティンジェンシー理論に位置づけられるダンカンに引き継がれており、そのことを考えればバーンズたちの議論も両利き経営と同じような論理展開をたどるように思えるかもしれない。ところが、社会学と人類学を専門にしていたバーンズとストーカーは、当時の経営学にはあまりなかった視点を持っていたことを見過ごしてはならない。それは、当時の米国において見直しが進められていた（とバーンズたちは言う）、官僚制の理論的位置づけを含んだウェーバーの近代化論であり、特に彼らが明示しているのがウェーバーの理念型概念であった。理念型とは、われわれの思考の根拠となる究極的な諸価値であり、われわれ研究者もまたその理念型を利用してしか物事を認識できないとする方法論上の概念である。研究者とて、さまざまな価値から自由になることは決してできず、さまざまな価値を持ち込まざるを得ない価値自由の原則のもとでは、研究者が持ち込んでいる価値を自覚的に記述することによって社会科学としての客観性が担保されるのである。

バーンズたちは、この理念型の方法論のもとで[3]、機械的管理システムと有機的管理システムという、二つの理念型を用意した。つまり、この二つの組織類型は、議論の出発点であって、結論ではなかったのである。実際、彼らは、有機的管理システムは人間関係論以降、繰り返し論じられてきたことであることを前提に議論を進めている。繰り返し言っておくと、多くの初級テキストで単純化されているように、バーンズたちは経験的に機械的組織と有機的組織を発見したわけではない。

その上で、彼らは、新興エレクトロニクス産業において成果を上げることができた企業と、そうでない企業のマネジメントには、どこに違いがあるのかを問う。そのマネジメントの切り口となるのが、エレクトロニクス産業の技術であり、組織内政治であり、リーダーシップである。本章で彼らの経験的研究の具体的内容を掘り下げる紙幅はないが、二つの理念型が参照されることによって、さまざまなマネジメントの可能性があることが記述されている。

例えば、既存の主力事業部と新規事業部を組織的に並置する組織デザインは、バーンズたちが観察したほとんどの企業で取られているものの、大抵は既存の主力事業部の政治的関与によってうまく機能しておらず、既存の勢力のパワーをうまく使った政治的活動が、新しい事業領域の存続には肝になる点が指摘されており、両利き経営より一歩進んだ洞察が見出されている。また、電子の制御が必要になることから無線技術とも呼ばれた当時のエレクトロニクス産業は、高度な科学的知識を応用する必要があり、それ以前までなされていた在野の発明家から知識を買い取っていくという研究開発では通用しなくなっており、企業の利益ではなく学術コミュニティでの研究成果を求める専門家の動機づけや、研究者コミュニティへの介入などについても掘り下げられた議論が行われている。リーダーシップについても、開発と探索のトレードオフをいかに両立するかという議論には留まらない。バーンズらによれば、そういった民主主義的なリーダーシップは幻想にすぎず、異なった価値観を持った集団間の政治的な駆け引きと決断こそ、リーダーには求められてくるからである。このように二つの理念型を参照した日常実践として、生々しく描かれている彼らの経験的研究はわかりやすくまとめられているわけではないが、その後のコンティンジェンシー理論や今日の両利き経営が見過ごしている論点を多く残しており、学説研究からイノベーション・マネジメントへ接近する一つの材料になろう。

さて、英訳されたウェーバーの著作が広く読まれるようになった一九六〇年代は、バーンズとストーカーだけではなく、特に社会学の領域で官僚制に対する理論的見直しが進んでいた。その中でも今日の経営学に大きな影響を与えている論文が、Meyer and Rowan（1977）とDiMaggio and Powell（1983）であり、今もなお多く引用される記念碑的論文と位置づけられている。マイヤーとローワンの論文の副題とされた「神話や儀式としての組織（Formal Structure as Myth and Ceremony）」や、ディマジオとパウエルの主題となっている「鉄の檻再訪（The Iron Cage Revisited）」というキーワードを見ただけで気づく人は気づくと思うが、どちらもウェーバーの近代化論に根ざした議論であった。

ところが、ウェーバーの理解それ自体が定着していない当時の状況においては、ウェーバーを引き合いに出すことで、官僚制の悲観的イメージが再び読み込まれてしまった。例えば、Meyer and Rowan（1977）が副題に付した「神話としての組織」は、そのイメージから組織が非合理な振る舞いを説明する議論であると捉えられることが多い。しかし、彼らの意図は、ウェーバーの近代化論を手がかりにして、科学技術や専門知識が発達した近代においても、究極的な道徳的権威として神を代替する神聖性を帯びているのが形式合理的であり、官僚制はイデオロギー的な建造物として利用されているという合理性そのもののあり方を問い直すことにあった。DiMaggio and Powell（1983）もまた、「鉄の檻」のイメージから、官僚制が人々を拘束し、社会を同質化していくという連想を生んで読まれてきた。しかし、彼らの論文に含まれる同型化（isomorphism）概念とは、制度に従う企業や人々が一枚岩のように同質化していくことを言おうとしたのではなく、われわれは自らを正当化する制度が与えられることによって、それを梃子にして自らが有利になる戦略や競争を生み出すという、集合的合理性（collective rationality）を論じようとしたものであった。[4]

つまり、官僚制の悲観的イメージのもとで論じられてきた通説的なアンチ官僚制論を打破しようとする彼らの意図は、再びその悲観的な言葉のイメージのもとに捉え返されてしまったのである。のちにDiMaggio（1988）は、言葉の語感となる外延的イメージが理論的内包と錯誤する形而上のパトス（metaphysical pathos）に他ならないと指摘している。その後の制度派組織論は、「洞察力のない読者（unsophisticated reader）」によって取りこぼされた含意を取り戻す（Hirsch and Lounsbury 1991, p. 408）ための論争によって埋め尽くされたと言っても過言ではなく、官僚制の悲観的イメージに引きずられた通説的な議論のことは、アイロニカルな意味合いを含んで新制度派と呼ばれることになる。こうした論争は、パウエルとディマジオが編者になった『組織分析における新制度派（*The New Institutionalism in Organizational Analysis*）』（Powell and DiMaggio 1991）に纏められており、その表紙の色から通称オレンジブックと呼ばれ、新制度派の金字塔と位置づけられている。関心が向けば、挑戦してみてほしい。

四　制度的企業家

それでは、ウェーバーの近代化論の読み直しに基づきつつ、独自の制度概念を持つに至った制度派組織論は、いかにアンチ官僚制論を乗り越えることができたのであろうか。最も活発に議論された概念が、制度的企業家（institutional entrepreneurship）であった。この概念は、もともと新制度派の理論的行き詰まりを指摘していたDiMaggio（1988）において提示された代替案の一つであり、制度に埋め込まれた主体によって制度変革は可能であるかという、いわゆる「埋め込まれたエージェンシーのパラドクス」（Seo and Creed 2002）を解くために用意された概念であった。(5) 論理的には、両利き経営の理論的根拠となっていたマーチらによる開発と探索のトレードオフを解こうとするものでもあろう。問題は、この問いをどう解いてきたかである。

この問題に対しては、実に多様なレベルで議論がなされた。ヨーロッパを中心とした最大の経営学系学会であるEGOS（European Group for Organizational Studies）が発行している*Organization Studies*では、二〇〇七年七月に制度的企業家の特集号が組まれ、その特集に対して同紙史上で最大の投稿数が見られた。しかし、この概念は制度や主体とは何かという根源的な問いを投げかけるものであったものの、これまた一筋縄にはいかなかった。

本章では、代表的な議論を二つ見ておきたい。一つ目は、経済社会学者として著名なフリグスタイン（Neil Fligstein）による制度的企業家の解釈である。彼は、米国の主要ビジネス誌の内容分析から、時代ごとに権力を持つ経営者が代わっていることに注目していた（Fligstein 1996, 2018）。例えば、製造業が成長するとマーケティングを専門とする経営者が求められ、さらに市場が成熟するとM&Aを指揮するファイナンスの専門家が企業経営を担うことになる。こうした制度変化に対して、彼は、新たな支配者となる制度的企業家は外部からやってくるインベーダーのようなものだと喩えた（Fligstein 1997）。しかし、制度変化に対して外部からの影響力を期待する時点で、既存の制度はそのままでは変化しないという、いつものアンチ官僚制論が姿を見せていることに気づくであろう。制度的企業家には、自らを正当化し、他者を説得する社会的スキル（social skill）を持つ主体であるとする。しかし、その社会的スキルはどこからきたのであろうか。その後、Fligstein（2001）は、企業家概念を文化の衰退、衝突、空白地帯を発見し、自ら望む文化を再生産する主体として位置づけている。他方で、この説明は、今度は制度そのものに制度を変更する理論的仕掛けを仕込んだものである。Beckert（1999）によれば、同様な説明は、オレンジブックにおいて制度ロジック間の矛盾を指摘していたFriedland and Alford（1991）にもすでに見られており、制度ロジックは主体が従うべき乗り物（vehicle）を与えていることになり、結局は予定調和的な進化論を帰結せざるを得ないと批判されたわけである[6]。

二つ目は、企業家の制度的ポジションをめぐる論争である。制度には、制度的企業家が新たな行動を起こそうとする動機、変化のアイデア、資源動員の能力を与えるものからなる三つの支柱があり、それらの支柱に基づいて、制度的企業家が制度の中心にいるべきか、周辺にいるべきかという制度的ポジションが問われてきた。たとえば、Leblebici, Salancik, Copay and King（1991）は、変化への動機と新しいアイデアの創出という点から、アメリカのラジオ放送業界においてスポット広告という新たな契約形態を見出したのは、大口スポンサーを有する大手放送局ではなく、制度の周辺に位置するマイナーな放送局であったとする。他方で、Greenwood and Suddaby（2006）は、資源の動員能力という意味において、カナダの五大会計事務所を対象として、彼らが顧客としていた大手のクライアントの海外進出にあわせて、もともとの会計業務に留まらず、M＆Aのコンサルティング業務へと拡張できたのは、資源動員が可能な中心的なポジションにいたからだと説明する。つまり、注目すべき制度的支柱次第で、制度的企業家は制度の中心にも周辺にも位置することになる。

これに対して、Maguire, Hardy and Lawrence（2004）は、カナダにおけるＨＩＶ／ＡＩＤＳの治療薬事業の成立過程を題材として、この事業を推進した主体は、同性愛者が感染する特殊な病としてＨＩＶ／ＡＩＤＳを見ていた医療界でも、医療界と対立する患者コミュニティでもなく、医療界には患者のみが知るＨＩＶ／ＡＩＤＳに関する経験的知識を利用しつつ、患者コミュニティには医療界、大学、政府との関係性を利用した同性愛者であったと説明される。つまり、それぞれのコミュティに対して周辺でありながら、中心的な資源を有することができる主体であった、という説明である。制度的企業家のエージェンシーは、このようにさまざまな論理が交差する点に生まれるというのは、とても重要な発見なのであるが、制度的ポジションという論点に拘るあまりに研究者の都合によって企業家がその時々において都合の良いポジションに置かれているように見えないだろうか。さらに言えば、その背後には、注目すべき制度の支柱によって、企業家の行為が一意に規定されることが想定されているようにも思えるわけである。改めて振り返れば、実はそのような想定こそ、ウェーバーの近代化論に立ち戻って官僚制を再訪してきた、制度派組織論における記念碑的な論文の著者たちが乗り越えようとしていた論点であった。

このように、制度的企業家という概念それ自体は、多くの研究者の関心を呼んだのであるが、逆にそのことによって通説的な議論を多く集めてしまい、いまいちパッとしない概念としてブームが終わっていったように思える。制度的企業家の概念の生みの親であるDiMaggio（1988）を振り返ってみれば、制度的企業家とは、主体の行動を一意規定する制度という新制度派の理解に不満を持ちつつ、制度に埋め込まれながらも、既存の制度に対する抵抗するエージェンシーを獲得し、さらにその際には制度化された権力やそれに抵抗する勢力などもうまく利用しながら、自らの利害を達成しようとする主体の政治的なアリーナ（political arena）に注目するために用意した概念であった。他方で、予想し得なかったこととしては、今度はヒロイックなイメージを持つ企業家という概念を利用することが、かえって制度を平板な理解に誘導してしまったとも言えるわけであり、Hwang and Powell（2009）では、「企業家」という概念を使ったことが間違いであったとも反省している。

もちろん、こうした言い分だけを真に受けるわけにもいかない。仮にディマジオの政治的アリーナの考え方を受け入れたとして、制度的企業家はどのようなインプリケーションを残すことになるのであろうか。イノベーション・マネジメントには政治性を伴うことそれ自体は、バーンズとストーカーもすでに見出してきたことであり、またよく考えれば誰でも思いつく着想であろう。その先に、具体的にその政治性を解きほぐしていくところに、社会科学の経験的研究としての意義があるわけであるが、その際には何某かの主体を分析上の基点とするしかなく、それ自体正当化され、ヒロイックなイメージを持つ企業家に注目する方法論的意義はあろう。企業家だからできたと説明するのではなく、具体的な政治的な行動に注目するための感受概念として、さらには形成されている新たな権力関係を批判するための分析対象として「企業家」を配置するのである（Khan, Munir and Willmott 2007）。

換言すれば、制度的企業家も、あくまで制度派組織論の理論的パズルの読み解きに関心があって、現実のイノベーション・マネジメントを経験的に探求することに研究の意味を強くは求めていなかったとも振り返られよう。こうした含意は、むしろ企業家研究の側で回収されてきたのかもしれない。たとえば、古くは移民企業家や社内企業家にはじまり、最近では社会企業家や先住民企業家、ライフスタイル企業家などのように、企業家概念を理念型として前提とした上で、新しく作り出されていく「〇〇企業家」を通じて、時代が要請する様々なイノベーションにかんする経験的研究と社会変革の実践を目指す研究プログラムを有しているのである（高橋・木村・石黒 二〇一八）

五　制度ロジックス概念と物質性

さて、これまでは、ウェーバーの近代化論を理論的基盤としてきた制度派組織論における論争を振り返ってきたが、その中でもいかに官僚制の悲観的なイメージが根強く残っていたかを知ることになった。その後、制度派組織論は、制度的実践（institutional work）、制度的戦略（institutional strategy）、制度的ディスコース（institutional discourse）、制度的権力とポリティクス（institutional power and politics）など、さまざまな概念が案出されていくが、それらはいずれも記念碑的論文が残した理論的含意を精緻化するかたちで概念化されてきた。それぞれを詳しく論じる紙幅はないのだが、関心が向けば、桑田・松嶋・高橋（二〇一五）を参照していただきたい(7)。

その中でも、今日の制度派組織論の理論的の到達点を挙げるとすれば、それは制度ロジックス（institutional logics）概念であろう。この概念の提案者は、すでに企業家の制度的ポジションをめぐる論争でも登場したフリードランドとアルフォードであった。新制度派に対する理論的懐疑という雰囲気を纏っていたオレンジブックに掲載された彼らの論文は、複数の制度ロジックを組み合わせるというアイデアが予定調和の進化論に過ぎないという批判に晒されてきた。しかし、予定調和の進化論は、制度が人々の行為を一意に規定すると考える限りにおいて成立する。制度派組織論の理論的含意に基づいて、制度はわれわれの思考の根拠となり、戦略の基盤となり、組織フィールドの差別化を生むという理解に基づけば、全く異なった評価になろう。

このような制度ロジックの見過ごされてきた理論的含意に再注目する議論が、二〇〇〇年代以降に、ソーントンとオカシオを中心に進められてきた（Thornton and Ocasio 1999, 2008; Thornton, Ocasio and Lounsbury 2012; 佐藤・芳賀・山田 二〇一一）。特に彼らが経験的に注目したのが、アメリカの高等教育出版業界における、専門性から商業主義へという支配的な制度ロジックの変遷であった。つまり、市場で売りにくい専門書は書きにくくなって、学生受けしやすい教科書や、ビジネスマン受けするビジネス本が本棚を飾るようになる（Amazon のランキング上位を占めるようになる）ということである。こういうふうに説明すると、制度ロジックス概念は、制度ロジックの変化を説明する概念であるかのように受け取られるかもしれない。事実、ソーントンとオカシオの研究が二〇〇〇年にアメリカ社会学会のベストペーパー賞（W. Richard Scott Award for Best Paper Published in the Last Three Years）を、さらに二〇一三年にはアメリカ経営学会から著作賞（George R. Terry Book Award）を受賞する頃には、変化した制度ロジックの統計的裏づけを行うような量的な経験的研究が爆発的に増えていくことになった。

他方で、ソーントンとオカシオら自身は、もはや制度ロジックはバズワードに過ぎないと述べている。彼らは、制度ロジックス概念を参照した経験的研究の多くが、新旧制度ロジックの置き換えモデル（replace model）に過ぎないものであって、それは彼らの真意とは異なるものであった。つまり、市場に受ける本を出版することは、必ずしも専門性の否定につながるものではない。コンサルタントではなく大学の著名な研究者が書いているからこそ読まれる教科書やビジネス書を出版していくことを考えると、うまく市場のロジックと専門のロジックを混合（blend）することによって、イノベーションに必要な資源を持つ利害関係者を説得していくような正当化活動が可能となるわけである（武石・青島・軽部 二〇一二）。

この多様な制度ロジックの混合という考え方（それゆえに概念としては制度ロジックス）は、理論的には方法論に近いメタ概念でもある。近年になってフリードランドは、「神聖なる制度（divine institution）」（Friedland 2014）という論文を発表し、制度ロジックス概念のアイデアの背後には、ウェーバーの価値領域（value spheres）概念があり、制度ロジックとは、前近代からある経済、政治、芸術、性愛、科学という価値合理性（value rationality）の理念型であると説明されている。その上で、形式合理性が貫徹する近代では、手続きを踏まえた多様な実践によって、おのずと矛盾する価値領域が混合され、表面化したコンフリクトが新たな価値領域の参照を生み続けることになる。こう考えれば、究極的な価値領域（価値合理性の理念型）である制度ロジックは、けっして排他的に置き換えられることなく、二律背反的な実践を産出しつづけることになり、それこそシュンペーターが新結合と表現したイノベーションに他ならないのである。

ただ、多様なロジックの混合に分析の焦点を当て続けることは容易いことではない。例えば、ソーントンもまた、制度ロジックを相互参照して産出される二律背反的な実践の変化の背後に、文化の企業家（cultural entrepreneurship）を見出している。これは、Thornton and Ocasio（1999）で示された二つの発見事実に基づくものであり、第一に、創業者であるという個人的要因が制度ロジックの変化から独立して、パワーの源泉であり続け、第二に、専門性のロジックを体現する個人事業が、商業主義化後も淘汰されることなかった。そのことから、彼らは商業主義化に抵抗する企業家のイメージを惹起するとともに、専門性へのこだわりによって商業主義化を推進する、二重の役割を持った文化の企業家を概念化したわけである。この論理展開それ自体は、本章でも繰り返してみてきた、いつものパターンであろう。ここまで企業家やリーダーシップが好まれるのは、ウェーバーが言うように合理合法、歴史とならぶ、究極的な価値領域の一つにカリスマがあるからであろうか。換言すれば、リーダーシップほど多様な価値領域が持ち込まれる概念はなく、まさに「神々の争い」状態にあると言って良い（早坂・松嶋 二〇一七）。そう考えれば、ジレンマなり理論的矛盾の解消をリーダーシップに求めることはできず、仮にリーダーシップを論じるとしてもそこでリーダーの何を論じればレリバントな研究になりうるかが問われることを自覚するべきである（服部 二〇二〇）。

他方、Friedland（2012）は、ソーントンらのような企業家やリーダーシップへの理論的還元ではなく、制度ロジックの混合それ自体に分析の焦点を当てていく方法を探っており、そのために用意した概念がアリストテレスによる形相と質量に基づいた物質性（materiality）であった。フリードランドによれば、制度ロジックス概念の観念論的な還元を避けるためには、その根底にある観念論と唯物論の対立に目を向けなければならないとし、制度的な現実は象徴的な制度ロジックが、緩やかに物質的に連結しながら多様な実践や日常生活に向かう必要があるとする。しかし、それはいかに可能であるのだろうか。究極的な価値領域である理念型を参照せざるを得ない研究者は、物質的実践にどれだけ注目したとしても観念論的に還元せざるを得ない宿命を持つのではないか。そう考えられるかもしれない。しかし、ここで注意が必要なのは物質「性」それ自体も理念型の一つとして位置づけられていることである。即ち、価値領域が混合する実践に注目するという認識を誘導するために、あえてもう一段上に物質文明に根ざしたメタ理念型が必要になるというわけである。

問題は、ここまでややこしい方法論を持ち出すことによって、われわれがイノベーション・マネジメントに関して何を得ることになるのかであろう。実は、この物質性概念であるが、人文社会科学における物質的転回（material turn）に留まらず、経営学のさまざまな研究領域で新たなトレンドの一つとして見出すことができる（Matsushima et al. 2022）。その中でも最もその重要性が際立ってくるのが、サイエンス・イノベーションに対する新たな接近であろう。

近代以降のイノベーションが、高度に専門化された科学者コミュニティに支えられていることは言うまでもない。すでに、多くの研究が、サイエンスと企業の関わりに焦点を当てており、科学者コミュニティで生まれた新たな知識を事業化していく際に直面するさまざまな障壁（死の谷・魔の川・ダーウィンの海）の克服方法、スター研究者とのコネクションを通じて企業の知的特許を獲得するネットワーク、逆に企業外部の知的リソースを組み合わせるオープン・イノベーションなどが論じられてきた。他方で、これまでの経営学研究は、科学者コミュニティの実践には実質的な関心はなく、当然ながら科学的知識が生み出される物的状況や装置などの人工物を、経験的分析の俎上には載せてこなかった（桑田 二〇二〇）。しかし、バーンズとストーカーが注目したエレクトロニクス産業がそうであったように、人類が物質と向き合う際に必要となる装置の発明は、科学者コミュニティを根源的に変化させ、企業が学会など科学者コミュニティに関与することになるはもちろん、科学者の探究の方向性にまで大きな影響を及ぼすことになる。桑田・松嶋（二〇一九）では、物質的転回の基礎理論としてアクター・ネットワーク理論や新実在論を援用し、イノベーション・エコシステムを分析する準拠点としての装置概念に注目することで、企業に対する科学者コミュニティの知的優位性を素朴に前提とせず、装置を媒介にして相互の影響過程をデザインし続ける、イノベーション・マネジメントが必要であると指摘している。

六 おわりに――官僚制とともに――

本章では、マックス・ウェーバーの近代化論に基づきながら、通説的なアンチ官僚制とは異なった理論的立場から、組織の創造性をデザインするイノベーション・マネジメントを論じてきた、近年の組織理論のエッセンスを紹介してきた。創造性の組織デザインという、本章のタイトルから惹起される内容とは、いくぶん異なった印象を持ったのではないだろうか。もし、違和感が感じられたとすれば、そこに官僚制に抱く悲観的なイメージが眠っている。逆に、そうしたイメージを利用しているのがアンチ官僚制の組織デザイン論でもある。本章では取り上げてこなかったが、ヒエラルキーや組織の壁がないネットワーク組織、フラットな対話によってメンバー全員が意思決定に参加できるティール組織、官僚制のような硬直性を持たず必要な時に必要な組織形態を取るアドホクラシーとこれを実現するリーダーシップ、いずれも馴染みのある、どこかで聞いたことがある考え方であろう。ただ、当初からマトリックス組織がそうであったように分化した組織はどこかで統合するメカニズムを併せ持っている。例えば、京セラのアメーバー組織は、その変幻自在の動きは、プロフィット・センターという管理会計ツールがあってこそ成立している。職場のパソコンには、さまざまなＩＴシステムが組み込まれており、物的にわれわれの活動をコントロールするアルゴリズムを備えている。われわれがどんなに「自由」を感じようがそこには官僚制があり、その反面で官僚制をうまく利用することによって得られる自由があることも覚えておいてほしい。

（松嶋　登）

注

（1）「メビウスファミリー」『日本たばこ産業（株）ウェブサイト』(https://www.jti.co.jp/tobacco/products/mevius/index.html)。

（2）他に、オーライリーとタッシュマンは、探索と深化の矛盾に正面から対峙する複合的なビジネスモデル複合を創り出す道があるとする萌芽的アイデアを見出しているが、具体的な検討のためには、矛盾に対峙するという行為を紐解く理論的根拠が必要となろう。そのアイデアの一つとして、本章でも触れていくことになる制度派組織論であり、特に制度ロジックス概念が参考になろう。

（3）方法論という観点から言えば、バーンズたちが自分たちの研究を科学的ではないと自己批判的に振り返っているその理由が興味深い。その理由を今日的に推測すれば、人類学的な手法をとった彼らの研究が、コンティンジェンシー理論のように体系的なサーベイ調査に裏づけられていないからと解釈されることもあろう。他方で、彼らにとってみれば、特定の企業に入り込むこともなく、産業界の協力を得ながら、多様な企業のヒアリング調査に基づいて行われた研究は、およそ科学的ではないと考えられたのである。また、企業ごとに異なる内容になるヒアリング調査の分析方法論として理念型を採用したことも、彼らの科学的分析に対する努力であったと考えられよう。

(4) 他にも、本章では紹介しなかった記念碑的論文として、Zucker (1977) や、Scott and Meyer (1991) が挙げられ、同様にその含意を取りこぼされてきたとされる (Greenwood, Sahlin, Suddaby and Oliver 2012)。Zucker (1977) は、制度の「認知」的な次元を問おうとしたが、それは制度が主観的な存在であるということを強調しようとしたのではなく、現象学的社会学の理論的含意をもとに、物象化され、客観化された制度が我々の客観的現実として眼前するようになることで、人々のアイデンティティ形成に寄与していることを示そうとするものであった。また、制度的「環境」という概念を案出したScott and Meyer (1991) もまた、外的環境として人々を一意に拘束するように捉えられがちであったが、より直接的な利害関係者よりも広範な関係システムに注目することを意図していた。これらの議論もまた、官僚制ではないものの、言葉のイメージによって誤解されてきたと言える。

(5) 本章で解説する制度的企業家の理論的含意は、この概念の提唱者や代表的研究者が与えた定義や説明をよく見れば理解できるものでもある。「新たな制度は、組織化されて十分な資源を有した主体が、彼らが重きをおく利害を実現する機会を、制度のなかに見出したときに生成される」(DiMaggio 1988, p. 14)。「特定の制度的アレンジメントに関心を持ち、新たな制度の創造ないし既存の制度の変革のために資源を梃子として利用する、主体の活動」(Maguire, Hardy and Lawrence 2004, p. 657)。

(6) ただし、この Becker (1999) の批判もまた、制度を人々の行動を決め打ちする乗り物だと捉えている彼自身の制度観の上で成立する。記念碑的な論文が意図した制度概念の理論的含意をもとにすれば、後述するように、制度ロジックスは全く異なった理論的展開と評価がなされることになる。

(7) ちなみに制度派組織論の参照理論の一つにカーネギー学派があり、特に組織ルーティンの遂行性概念は、類似した理論的含意を持つものである。さらに、カーネギー学派の中でも理論的な発展があったとすれば、過去のカーネギー学派を参照して概念化している両利き経営もまた、カーネギー学派を参照することによって理論的なアップデートが図れるであろう。

第六章　組織開発と創造性

一　はじめに

「組織開発（organization development）」は、「創造性」に劣らないくらい、明確な定義が難しい言葉かもしれない。「組織開発」という用語は一九五〇年代後半に使われ始め、やがてそれは、組織を変革・改善する多種多様な実践と手法、および、その学術的な研究分野を包括する名称となった（Bushe and Marshak 2015b; 中原・中村 二〇一八）。組織開発の理論・方法論的源流はクルト・Z・レヴィン（Kurt Z. Lewin）のグループ・ダイナミクスやアクション・リサーチにあるが、その後、実務界のニーズに応えるべくさまざまな理論・方法論を包摂していった結果、今や組織開発は雑多な手法の集合体となり、その学問的アイデンティティの喪失が問題視されるに至る（Burke and Bradford 2005; 貴島ほか 二〇一四）。

こうした状況ではあるが、だからこそ昨今、多くの論者によって何が組織開発の基底をなす特徴であるのかが顧みられてもいる。そこで度々指摘されてきたのは、組織開発が人間主義および民主主義的価値に基づいた実践であること（e.g. Margulies and Raia 1988; 中村 二〇〇七、西川 二〇〇九、貴島ほか 二〇一四、Bushe and Marshak 2015b）、また、組織への介入に際して実証科学に依拠することである（e.g., Bushe and Marshak 2015b; 貴島・福本・松嶋 二〇一七）。

これらの特徴に加え、本章においてとりわけ注目したいのは、クライアントが「学び方を学べる」ように支援を行うのが組織開発だということである（e.g., Argyris and Schön 1978, 1996; Schein 1969, 1999, 2015）。組織開発は、単にクライアントが現在抱える問題の解決を支援するのみならず、クライアントが新たな問題に直面した際に、今度は自分自身で問題を解決できるようになるための支援を目指してきた。ここで「創造性」を、「既存の解決策よりも有用な解決策を新たに考案し実行する能力」と捉えるならば、組織開発の目的はまさに、組織の創造性を高めることにあると言えよう。

無論、「創造性」なる語を用いたからといって、組織の変革や改善を駆動する神秘的霊感や超人的能力（の会得・向上）をここで論じたいわけではない。組織開発の勘所はむしろ、そうした神秘化に抗して、組織の人々の日常に徹底的に照準を定めることにある。あらゆる組織開発において焦点となるのは――即ち、「開発」の対象となるのは――、組織成員によって日々の協働が達成される際のやり方である。組織開発とは、人々の協働が現にどのようなやり方で達成されているのかを把握し、改善する実践に他ならない。

なお、これら協働に際して組織成員が用いるやり方を、組織開発では「プロセス」と呼ぶ。ここで言う「プロセス」は、日本語の「過程」のように「結果」と対比される概念ではなく、「コンテント（内容）」と対比される概念である（Schein 1969, 1999; 中原・中村 二〇一八、一八七頁）。「コンテント」が、人々が何に（what）取り組んでいるか、課題や議論の中身を指すのに対し、「プロセス」は、それら課題や議論に人々はどのように（how）取り組んでいるか、人々が課題や議論を遂行する際の形式や方法を指す。具体的には、人々の参加やコミュニケーションのあり方、意思決定の進められ方、人々が互いに影響を及ぼしあうやり方などが「プロセス」である（Schein 1969, 1999）。

　これら協働のプロセスは、協働の成否に大きな影響を与える——ということは誰もが知っている。しかしながら、こうしたプロセスは通常、協働を行う当人には意識されていない。人は、自分が何をしているか／するべきか（コンテント）については十分に自覚的だが、それをどのようにしているか／するべきか（プロセス）にはあまり目を向けない。それゆえ、プロセスは改善され難い。ここに、組織開発の存在意義がある。組織開発とは、人々に意識されないプロセスに人々の意識を向けさせ、その改善を促す介入であり、そのための概念や手法の集合体と言ってもよいだろう。

　もちろん、介入に際してどのような概念・手法が用いられるかは論者によってさまざまであり、本章の限られた紙幅では、それらを網羅的に取り上げることはできない。そこで本章では、組織開発にとりわけ大きな影響を与えた古典的研究に焦点を絞ろう。具体的には、エルトン・メイヨー（Elton Mayo）やフリッツ・J・レスリスバーガー（Fritz J. Roethlisberger）らの人間関係論（第二節）、レンシス・リッカート（Rensis Likert）やクリス・アージリス（Chris Argyris）に代表される新人間関係論、そして、エドガー・H・シャイン（Edgar H. Schein）の組織文化論（第四節）を取り上げ、それらがいかに進行中のプロセスへと意識を向け、その改善を図ろうとしたのかを検討する。

二　人間関係論

今日、人間関係論と言えば、働く人の動機づけの文脈において「社会人」――人の動機づけは、周囲の人々との人間関係によって左右される――という人間観を提示した議論として言及されることが多い。そして、こうした人間観に対しては当然、「人の自律性を過少評価した、他律的に過ぎる人間観」という批判がなされることにもなる。だが、このような動機づけ論の観点からのみの理解では、「社会的存在」という人間把握に込められた人間関係論の重要な含意が取り逃がされることになる。ここでは、「全体情況（total situation）」、「社会的（social）」といった概念を紐解きながら、人間関係論の方法論・実践的含意を明らかにしていこう。

ホーソン研究以前より、労働者の問題行動に対する精神医学・臨床心理学的アプローチを志向していたメイヨーは、当時主流の要素還元的な心理学を批判し、人間（労働者）を全体的に把握する「全体情況の心理学」（Mayo 1924）を提唱する。「生活は統合的な全体であり、（中略）工場あるいは家庭におけるいかなる個人の行為も、それぞれの中だけでの事柄として理解することはできない」（Mayo 1924, p. 264）。即ち、労働者がなぜ問題行動に走るのかを真に理解するには、当の問題行動や職場でのその人を見るだけでは不十分であり、これまでの経歴や私生活を含むその人の生活全体を知らねばならないのである。

そして、人間の生活が常に他者との相互影響関係の中で営まれるものである以上、全体情況の理解に際しては、その人が他者といかなる関係を取り結んでいる（きた）か、また、その中で何を学習してきたかがとりわけ重要になる。こうしてメイヨーは、労働者の問題行動をその当人に全面的に帰責する個体主義的思考に対して、問題行動を人間相互の関係から理解する思考法を展開する（Mayo 1933, pp. 115-120, 翻訳書、一一九―一二四頁）。

「職場を構成している個人は単なる個人ではなく一つの集団を構成し、その集団の内部において錯綜した各個人相互の関係、上役との関係および仕事ならびに会社の方針に対する関係をもっている。ある特定の集団内のいわゆる『社会的不適合』という顕著な事件は、その個人のもともとの非合理性に関連するよりも、むしろ仕事にたいする、あるいは個人相互の常規の関係に関連するものである」（Mayo 1933, p. 116, 翻訳書、一一九頁）。

このように全体情況の心理学とは、人間をそれ自体で独立したアトム的存在と捉えるのではなく、他者との関係に埋め込まれた「社会的存在」として把握するものである。そして、そうした把握によってこそ、人間が還元主義・個体主義的な心理学知の客体としてではなく、初めて主体として十全に理解されうることを主張するものである。

こうしたメイヨーの思考を踏襲し、「社会的」という語を積極的に用いながら、人間協働とその管理を脱個体主義的に論じるのがレスリスバーガーである（Roethlisberger 1941）。彼はまず、「社会的」という語を次のように規定する。「一人の人間が、他の人間または集団の期待と感情とに従って行動する場合、その行動は社会的である」（Roethlisberger 1941, p. 47, 翻訳書、五六頁）。この規定に基づけば、人間の日常的行動のほとんどは「社会的行動」となるが、ここでレスリスバーガーが言わんとするのもまさに、人々のごくありふれた日常的行動にこそ関心を向けるべきだということである。と言うのは、こうした日常的な社会的行動こそが、人間協働の本質的要素であるからだ。事実、あらゆる協働は社会的行動の慣習的な様式を生み出し、また、それに従ったふるまいをその成員に要求している（Roethlisberger 1941, pp. 47–49, 翻訳書、五七―五九頁）。それゆえ、人間協働の管理に際しては、個々の人間の属性や動機以上に、人々の協働を統制／駆動する慣習的な行動様式に着目することが重要になる。

ところが、こうした慣習的な行動様式は、人々にとってあまりに身近なものであるために、その重要性や存在すらも看過されている。そこでレスリスバーガーは、産業組織を「社会的組織」と称し、それが経済的動機に突き動かされた個々人の集合体以上のもの、即ち、協働の慣習的な様式によって結合された人々の組織体であることを強調する（Roethlisberger 1941, p. 59, 翻訳書、六九頁）。そして、労働者個々人に対する直接的で個別的な管理ではなく、協働の様式の変更・改善を通じて労働者を管理する「社会的技能」こそが、管理者が今後向上させるべき専門的技能であるとする

(Roethlisberger 1941, Chap. 7)。

この社会的技能の核となるのが、協働に作動している慣習的な行動様式を正確に捕捉する「診断」の技能である。レスリスバーガーはこの診断に際して、職場において現に生起している具体的事象に徹底して向き合うことの必要性を再三にわたって強調する。

「診断とは、具体的な人間の全体的な情況を理解し、複雑な人間的現象を、いくつかの基本的要素に分解する技能であって、（中略）現実の誰でもない人間一般といったものを対象とするのではなく、あくまでも、現実の特定の個人[1]を具体的にとりあげる技能である。それは、ある特定の時期に、ある特定の場所で、ある特定の人間的情況のなかに生じている事象を発見するための技能である」(Roethlisberger 1941, p. 133, 翻訳書、一五五頁)。

このように、レスリスバーガーにとっての管理とは、人間管理についての一般原則から演繹されるようなものではない。彼は、実際の職場情況およびそこで働く実在の労働者を丹念に観察・理解し、帰納的かつ個別処方的に解決策を見出していくことを真に有効な管理であるとする。それゆえ学者の務めも、管理のあるべき姿を指し示すことなどではなく、人間情況の診断と処置に有用な概念を整備・提供することにあるとし、こうした自らの学問的姿勢に対して「臨床」の名を与えるのである(Roethlisberger 1941, pp. 166–174, 翻訳書、一九一—二〇〇頁)。

レスリスバーガーが目指す「管理者の社会的技能の向上」とは、言わば管理者を「人間協働の臨床家」へと変えることに他ならない。「大学の図書館とか教授の部屋を訪れる前に、その経営体自身のなかで日常生起している事象を正しく観察し、理解すること」(Roethlisberger 1941, p. 134, 翻訳書、一五七頁)と説くように、レスリスバーガーが切望するのは、問題に直面した管理者が自らその問題を解決できるようになることである。そしてその実現に向けて、彼自身も管理者教育に勤しんだのであった。

以上、人間関係論にはまさしく組織開発の原型を見て取ることができるだろう。人間協働の様式(=プロセス)に着目し、その改善を講じるというその基本的姿勢は、その後の新人間関係論、さらには組織学習論や組織文化論にも受け継がれることになる。

三　新人間関係論

一九五〇~一九六〇年代、時を同じくして台頭した組織開発と新人間関係論は双子のような関係にあった。ここでその両者の相違について論ずることには、さほど意義はないと思われる。一方、組織開発という本章の文脈において、人間関係論と新人間関係論の相違を論ずることには意義があるだろう。と言うのも、新人間関係論は、前述の人間関係論の基本的姿勢を受け継ぎつつも、人間主義・民主主義・科学主義をより前面化させた結果、人間関係論とはかなり違う議論を展開することになったからだ。以下、本節では、新人間関係論の代表的論者であるリッカート（第一項）とアージリス（第二項）の学説を取り上げ、それぞれがどのようにプロセスの意識化とその改善のための介入を図ったのかを検討しよう。

リッカート

リッカートが提示する概念、そして、それらをもとに組み立てられる彼の議論には、ある際立った特色がある。それは、組織や管理のあるべき理想像を指示する強い規範性を帯びていることである。人間主義、民主主義、実証科学の熱烈な信奉者であったリッカートは、これらの価値に準拠した新たな管理方式（Likert 1961, 1967）を提唱するのだが、その際に彼は、単に自らが提唱した管理方式を「有効な管理方式のリスト」に付け加えようとしたのではない。彼にとっては、あらゆる管理は、人間主義、民主主義、実証科学に則ったものでなければならなかったのである。

例えば、リッカートの人間主義への傾倒は、彼の管理論の基礎をなす「支持的関係の原則」（Likert 1961, pp. 103-104, 翻訳書、一三九―一四〇頁）に見て取れる。支持的関係とは、人々が互いの存在価値や尊厳を認め高めあう関係を指し、そこにおいて人は自我動機を充足し、自身の能力を最大限に発揮するとされる。リッカートは、支持的関係の形成を管理の「一般原則」と位置づけ、管理者は組織成員のあらゆる相互関係を支持的なものに保つよう努めねばならないと述べる（Likert 1961, p. 103, 翻訳書、一三八頁）。

この支持的関係の原則を実現するならば、集団は自ずと各成員を意思決定に参画させる「参加的意思決定」(Likert 1961, pp. 170-172, 翻訳書、二二三—二二六頁)を採用するものになる。注目すべきは、リッカートがこうした支持的で民主主義的な集団を「高度に効率的な作業集団」と呼び、組織の目的達成の観点からも評価を与えていることである(Likert 1961, chap.11)。彼によれば、こうした集団においては、自己の価値と尊厳を維持・向上させたいという個人の要求が満たされるだけでなく、生産性を上げ高業績を達成したいという組織の要求も最もよく満たされる。なぜなら、個々人は他者からの承認や支持を得るべく集団の目標——連結ピンで結合された集団の重なりを組織と見なすリッカート理論において、それは即ち組織の目標でもある——を達成するよう強く動機づけられるからである。このようにリッカートは、人間主義と民主主義に基づく作業集団を、個人と組織の双方にとって望ましい理想モデルとして提示するのである。

ここで急ぎ付け加えておかねばならないが、もちろんリッカートはこうした自らの管理論を、人間主義・民主主義の教義の説教のようなものとして展開しているわけではない。彼の管理論は、高業績をあげている部門のプロセス——彼の用語で言えば、組織成員間の「相互作用—影響方式」(Likert 1961, Chap. 12)——を、実証科学の手続きに則りその有効性を検証しながら、記述的に抽出・モデル化したものである。この実証科学によって裏づけられているという点が、リッカート理論の最大の特徴であるとも言えよう。

ただし、実証科学に対するリッカートの態度もやはり、規範的である。「社会科学的研究はまた管理技法の基礎としての、より合理的な主要知識を提供できることは、いうまでもない」(Likert 1967, p. 105, 翻訳書、一二八頁)、「実証科学的方法によって得られた知識が、その範囲と正確性を増すにつれて、現存方式よりもすぐれた経営管理システムがさらに開発されていくだろう」(Likert 1967, p. 191, 翻訳書、二四六頁)といったように、彼は実証科学に全幅の信頼を寄せるのである。

以上のように、リッカートの関心は人間関係論と同じく協働のプロセスに目を向け、その改善を図ることにあるが、改善に際して目指すべき理想像を掲げるという彼の規範的姿勢は、人間関係論とは対照的である。前述のように、管理の一般理論の提示を拒み、あくまで具体的な人間情況の診断を通じた個別処方的な管理を志向したのが人間関係論であった。一方のリッカートは、実証科学に基づき、あらゆる組織に採用されるべき管理の一般理論を導出・提示する。彼が腐心したのは、最善の管理方式──彼が「システム4」(Likert 1967) と称する、人間主義・民主主義・実証主義に立脚した管理方式──の確立とその普及であった。

それゆえ、リッカートにとって組織への介入とは、現行の管理方式からシステム4への移行、ないし、システム4に基づいた具体的な管理の実行を支援することに他ならない。ここで活用されるのが「測定」である (Likert 1961, Chap. 13, 1967, Chap. 8)。「測定の第一の目的は、管理者や一般従業員が自分自身の意思決定や行動を導くときの助けとなるような情報を与えること」(Likert 1967, p. 135, 翻訳書、一七〇頁) にある。即ち測定は、協働の当事者である管理者や従業員には意識されにくい相互作用─影響方式の現状や問題点を照射し、システム4の実現に向けて、管理者や従業員の今後の認識や行動の変容を促すために用いられる。

ここでリッカートは次の三点を強調する。第一に、測定はあくまで成員の支援のために活用されねばならない（Likert 1961, pp. 207-208, 翻訳書、二七二―二七五頁、Likert 1967, pp. 134-136, 翻訳書、一六八―一七一頁）。もし管理者が測定結果をもとに従業員の締め付けや懲罰を行うならば、従業員は護身のために測定値を歪めようとする。そうなれば、測定は組織の現状を正確に反映したものでなくなり、その意義は損なわれる。第二に、正確で妥当な測定こそが、成員の自発的行動を促す。管理者や従業員の行動変容を促すには、そうせねばならないような客観的事実を突きつけるのが最も有効である。管理に際して活用すべきは、職位や人となりに由来する権威よりも「事実のもつ権威」なのである（Likert 1961 pp. 212-213, 翻訳書、二七八―二八〇頁）。第三に、測定の正確性や妥当性を確保するためには、専門的訓練を積んだ社会科学者の協力が不可欠である（Likert 1961, p. 196, 翻訳書、二五七頁、Likert 1967, pp. 144-145, 翻訳書、一八二―一八三頁）。

こうしてリッカートの介入においては、専門的社会科学者に決定的な役割と特権が与えられる。科学者は、組織成員にとって不可視的な協働のプロセスをその外部から客観的に掌握することができ、またそれによって、組織と成員個々人の双方の理想の実現に貢献することができる。そして、こうした科学者の助力があってこそ、組織は慣習や流行に左右されない「実証科学的経営管理（science-based management）」（Likert 1967, p. 191, 翻訳書、二四六頁）へと移行し、自らで理性的に問題に対処することができるようになる。リッカートの著作にはその随所に、こうした啓蒙主義的態度が滲み出ている。

アージリス

アージリスが組織開発の歴史に大きな足跡を残したのは、一九七〇年代以降の組織学習論によってであろう。本項で主に取り上げるのも組織学習論である。それでもここで彼を新人間関係論の論者として位置づけたのは、彼がその研究者生涯を通し、リッカートと同じく一貫して人間主義[2]・民主主義・実証科学に立脚した規範論を展開し続けたからである。特に、組織への介入に際して実証科学を活用する点で、アージリスは人間関係論よりもリッカートに近い。ただしアージリスは、リッカートのような実証主義者ではいられなかった。彼の独自性は、実証主義（ないし啓蒙主義）の思想を退け、実証科学の換骨奪胎を試みた点にある。

ともあれ、まずは、彼が組織学習論へとその歩みを進めた背景から始めよう。一九五〇〜六〇年代の彼の関心は、公式組織の要求と個人の欲求との不調和を克服し、両者の統合を実現することにあった（Argyris 1957, 1964）。その実現策として当時の彼が提唱したのが、権力を持つ者（管理者）から持たざる者（従業員）への権力の分散（職務拡大・従業員参画）であった。だが、それらは当初こそ効果をあげたものの、やがて望ましからぬ結果を生み始める。従業員参画を信奉したはずの管理者が、実際には従業員への権限移譲に抵抗するような行動を取る。しかも、本人は自らが抵抗しているという事実を認めず、そのことについて議論も一切しようとしない（Argyris 2003, pp. 1179–1180,

1183)。一方の従業員も、参画型管理を歓迎しながらも、実際には委譲された権限を有効活用する術を学ぼうとしなかったのである（Argyris 2003, p. 1180）。

かくしてアージリスは、人々のこうした意図と行為の乖離を、その人が自らの行為の説明に用いる「信奉理論（espoused theory）」と、その人の行為を実際に導く「使用理論（theory-in-use）」の不一致として把握する（Argyris and Schön 1974, pp. 6–7）。そして彼の関心は、人々に自覚されない使用理論の意識化と変更——即ち、彼の言うところの「学習」——の理論・方法論の構築に赴くことになる。

ここでアージリスは学習を、現行の価値を満たすべく行為を変更する「シングル・ループ学習」と、価値と行為の双方を刷新する「ダブル・ループ学習」に分類する（Argyris and Schön 1974, pp. 18–19）。彼によれば、多くの組織はシングル・ループ学習を実行しており、ダブル・ループ学習が実現されることはめったにない。人は自らが慣れ親しんだ世界をあえて壊そうとは思わず（その責任も負いたがらず）、さまざまな戦略を駆使してまで現状を維持しようとするからである。彼は、ダブル・ループ学習を阻害するこうした防衛的で自己閉塞的な使用理論を「モデルⅠ」（Argyris and Schön 1974, Chap. 4）と呼び、さらにモデルⅠが日々成員に無自覚に用いられることでより強固なものになるという、自己強化のメカニズムを指摘する（Argyris and Schön 1978, pp. 12–16）。

従って、ダブル・ループ学習の実現には、組織の部外者——例えば、研究者——による介入が必要となる。具体的には、モデルⅠがいかなる問題を生み出しているかを組織成員に自覚させ、「モデル

Ⅱ」（Argyris and Schön 1974, Chap. 5）と呼ばれる、人間の解放と民主主義、反証可能性を重んじる自己変革的な使用理論への移行を促すことが求められる。

そのための具体的なプログラムに相当するのが、「アクション・サイエンス」（Argyris, Putnam and Smith 1985）である。アクション・サイエンスは、「社会的実践の中で科学的手法を用いるというデューイ（Dewey, J.）の展望」（Argyris, Putnam and Smith 1985, p. 7, 傍点部原文イタリック）に基づき、経営実務の中において実証科学の手法を用いることで、組織成員にとって実行可能な妥当性を持つ知識（現状に対する代替的でより有効な使用理論）を生み出すことを目指す科学実践である（Argyris, Putnam and Smith 1985, p. 4）。

具体的には、「探究のルール（rules of inquiry）」と呼ばれる簡略化された科学的手続きに則り、組織成員と研究者が知識の検証を共同で行う（Argyris, Putnam and Smith 1985, pp. 236-365）。ただしその目的は、科学的に正しい知識の選別にあるのではない。仮説検証という手続きを通過させるというまさにそのことによって――そうして、客観性を掲げる制度としての実証科学を利用することによって――、その知識を組織成員にとって「信頼できる信念（responsible belief）」へと変換することにある（Argyris, Putnam and Smith 1985, p. 237）。言わばアクション・サイエンスは、実証科学の思想ではなくその手法のみを受け継ぎ、それをダブル・ループ学習によるモデルⅡへの移行という規範的目的のもとで道具的に用いるのである（福本・松嶋・古賀 二〇一四、貴島・福本・松嶋 二〇一七）。

このように、アージリスもリッカートと同じく実証科学を活用するのであるが、両者の方法論的姿勢はまったく異なっている。リッカートにしてみれば、科学は対象の真実を照らし出すものである。科学者は組織を外部から価値中立的に観察（測定）する存在であり、だからこそ、組織にとって有用な知見（客観的事実）を発見することができる。そして、そこで得られた知見を組織へと送り返す介入は、科学的探究が終了した後の話である。このように、実証主義者たるリッカートは、科学者による対象への介入を科学的探究の一部として論じることを、厳に差し控えるのである。

一方のアージリスは、科学者による組織への介入を、まさに科学的探究の主題とする。彼にしてみれば、「対象の外部観察によって原理や法則を導く純粋な科学」という想定こそが、実践から科学を切り離し、科学の有用性を損なっている。科学を再び実践の中へと差し戻すこと、即ち、科学を超越的で啓蒙主義的な営みとしてではなく、経営実践と同列の、そして、それ自体特殊な価値と戦略を持つ規範的実践と捉えること。そうして彼が打ち立てようとしたのが、経営実践への積極的な関与のための理論と方法論を備えた「介入の科学」であった（Argyris 1970; Argyris, Putnam and Smith 1985）。

さらに、アージリスのこうした科学的営為は、専門家の占有物となった科学を、人々誰しもの手に差し戻すという、科学の民主化を図るものでもあるだろう。組織成員と科学者との共同研究を重んじるアクション・サイエンスは、人は誰もが自らが直面する課題を自ら解決する「行為する科学者（action scientist）」になりうることを信ずるのである。

以上、新人間関係論の特徴は——リッカートとアージリス、それぞれ違う形ではあるが——、人間主義、民主主義、そして実証科学に根ざした介入を志向した点にあったと言えるだろう。そして実証科学もまた、この新人間関係論の時代に隆盛を極めるのだが、やがてそれも時代に追い抜かれてしまう——組織文化論の台頭である。

四　組織文化論

一九八〇年代、「文化」なる概念が産業界・学術界で流行する。「競争優位を実現するには、優良な文化を創造せよ」——こうした主張が異口同音に喧伝された。すでに組織開発の大家であったシャインが組織文化を論じたのは、これら流行りの文化論に対して警鐘を鳴らすためでもあった。

「通俗的な書物でも学術書でも、事態を混乱させるばかりでなく、読者を間違った方向に導き、多分に不可能なことを約束するような、文化についての単純で威勢のよい発言ばかり見受けられる。『強い』『適切な』文化を創造して組織の有効性を向上させるという最近の著述は、すべて文化はわれわれの目的に沿うように変えられるという多分正しくない仮定を増幅している」(Schein 1985, p. 5, 翻訳書、七頁)。

また、シャインは、組織の理想型を掲げる規範的な組織開発に対しても、同様の批判を行う。

「組織コンサルタントの経験から私が学んだのは、理想的な組織の類型化や優良他社のベンチマーキングがほとんど役に立たないということだ。私が関わった組織では、そこでの文化的な意味や制約の中でだけ、自らの問題を解決できていたからである」(Schein 2015, p. x, 翻訳書、二三頁)。

シャインによれば、文化は極めて広く深く強力なものである(Schein 1985, p. 147, 翻訳書、一八五―一八六頁、Schein 2010, pp. 16–18, 翻訳書、一九―二一頁)。目に見える人工物(artifacts)や人々に信奉された価値(values)はあくまで文化の表層的な「現れ」に過ぎない。文化とはその本質において、「組織のメンバーによって共有され、無意識のうちに機能し、しかも組織が自分自身とその環境をどうみるかを、基本的で『当然のこととみなされた』方法で定義するような『基本的仮定(basic assumptions)』」(Schein 1985, p. 6, 翻訳書、九―一〇頁、傍点引用者)である。組織は、こうした文化の制約の中でしか自らの問題を解決できない。「優良な文化」や「理想型」が有効なのはあくまで、組織の基本的仮定に適合する限りにおいてである。[3] シャインにしてみれば文化は、組織開発(新人間関係論)がそのアイデンティティとする人間主義・民主主義・科学主義よりも、一層基底的なものなのである。

一般に、シャインの組織文化論は、こうした基底的な文化を創造・変革する強靭なリーダーシップを論じるものとして知られているだろう（Schein 1985, 2010）。彼によれば文化は、管理者が制御しうるようなものではない。むしろ文化こそが管理者を制御するのであって、あらゆる管理は文化の影響を免れ得ない。それゆえ彼は、文化の創造・変革に際して、通常の意味での「管理」を超えるものとしての「リーダーシップ」を論じる（Schein 1985, Chap. 14）。

ただシャインの慧眼は、こうした目立った主張の背後に隠れがちな次のような指摘にある。それは、組織が抱える課題の解決に際して、ほとんどの場合、文化の抜本的変革、即ち、組織成員に当然視された基本的仮定の刷新は必要ではないというものである（Schein 1985, p. 315, 翻訳書、四〇一—四〇二頁）。シャインによれば、基底的な文化が変化せずとも、組織にはかなりの変化が起こりうる（Schein 1985, p. 267, 翻訳書、三四一頁）。組織の課題解決にはむしろ、既存の文化を利用すること、即ち、既存の基本的仮定に根ざした新たな管理方式の開発が有用である。もし文化の変革が必要な場合であっても、文化全体の変革が必要であることはまずあり得ず、大抵は基本的仮定の中でもより表層的ないくつかを変革するにとどまる（Schein 2010, p. 317, 翻訳書、三七一頁）。

それゆえ、文化を変革するにせよ利用するにせよ、重要なのは、組織の課題解決に際して鍵となる文化を正しく解読することである。シャインによれば文化は、組織の内部者と外部者の共同作業によってのみ、正しく解読される。文化が組織成員の意味体系にかかわるものである以上、それは内部者の視点からでなければ読み解かれ得ない。しかし他方で、文化が成員にとって当然視され、暗黙の領域に沈んだものである以上、外部者の支援なくして内部者が文化を対象化することは不可能である(Schein 1985, pp. 112-113, 翻訳書、一四一―一四三頁)。

こうしてシャインの組織文化論においても、組織外部のコンサルタントに重要な役割が与えられる。ただしそれは、リッカートやアージリスが科学者に期待した役割とはまた違っている。文化のコンサルタントは、組織がいかなる文化を持つかを診断したり、いかなる文化を持つべきかを講釈したりする文化の内容の専門家であるべきではない。組織の外部者によるそうした診断や講釈は大抵、内部者からすれば的外れなものに見え、それがコンサルティングへの不信や防衛的反応を呼び起こしかねないからだ。コンサルタントが、クライアントよりも文化を深く知ることはできないのである。さらに、組織が抱える問題は一度解決されれば永久に解決されるわけではなく、一時的な改善の後にはまた別の新たな問題が生じてくる。よって、真にクライアントの役に立つためには、クライアントが自分たちだけで問題に対処できるようになるための支援を行う必要がある。

このように、自分たちの文化の中で何が最もよい解決策であるのかを知ることができるのも、また、問題に直面し解決に迫られているのも、コンサルタントではなくクライアントである以上、問題解決はクライアント主導で行われねばならない。それゆえ、文化のコンサルタントは、クライアントはどのように文化を解読すればいいか、組織変革に際してどのように文化を活用すればいいか、文化を変革する必要がある場合どのように変革すればいいか、これらクライアントによる文化の解読・活用・変革のプロセスを支援する専門家、即ち、プロセス・コンサルタント(Schein 1969, 1999)であることが望ましい[4]。

以上、シャインの組織文化論もまた協働のプロセスの意識化と改善を図るものであるが、その特徴は、あくまでクライアント主導の問題解決を志向する点にある。もちろん、リッカートやアージリスの介入・支援も、極力クライアントに主導権を握らせようとするものである。だが、組織の理想像がアプリオリに設定されている点、実証科学的経営管理への移行やクライアントを「行為する科学者」に変えることを試みる点で、それは研究者主導の営みであるとも言える。一方のシャインは、組織が何を目指すべきか、いかなる方法でそれを実現するのかをクライアント自身がよりよく見出すための支援を行う。そして彼は、こうした自らの姿勢を、人間関係論と同じく「臨床」と呼ぶのである[5](Schein 1985, pp. 21–22, 翻訳書、二七—二九頁、Schein 2008; Schein 2010, pp. 183–186, 翻訳書、二〇七—二一〇頁)。

五　おわりに

本章では、組織開発の観点から、人間関係論、新人間関係論、組織文化論を読み直してきた。論者によってその理論と方法論にはかなりの違いがあるものの、いずれの論者にも共通するのは、組織成員の日常的な協働のプロセスを、組織成員自身が省察し、改善できるようになるための支援を行うことである。本章冒頭でも触れたように、組織開発の文脈において創造性とは、なんら神秘的なものではないし、個体主義的な能力でもない。それは、われわれが日々従事している活動がどのようなやり方で組織化されているのかを明晰に眼差し、他のより有効なやり方で代替する実践である。「物事がいかになされるかは、何がなされるかと同じくらい――あるいはそれ以上に重要」(Schein 1999, 翻訳書、五頁)なのである。

(福本 俊樹)

注

(1) 邦訳書では「特定の個人」という訳語があてられているが、もちろんこれも社会的存在としての人間を取り扱うという意味である(当該箇所の原語は、"somebody in the concrete"である)。レスリスバーガー自身の言葉を借りれば、「個人としてのトムを取り扱っているのではなくて、(中略)集団の一員としてのトムを問題にしている」(Roethlisberger 1941, p. 172, 翻訳書、一九八頁)ということである。

(2) もっともアージリスは、人間主義へのこだわりが組織開発の専門家をシングル・ループ学習に陥れ、組織開発の抜本的で柔軟な発展を妨げてきたと警鐘を鳴らしてもいる(Argyris 2005)。

(3) 実際にはリッカートも、システム4は「基本原理」であって、その組織への適用に際しては文化と矛盾しない形で適用せねばならないと述べている(Likert 1961, Chap. 7)。とはいえ、リッカートが論ずるのはやはり、システム4への移行は文化に適した方法・速度を保つ必要があるということで、システム4があらゆる組織にとっての理想型であることには変わりない。

(4) もちろんシャインは、あらゆる支援が常にプロセス・コンサルテーションであるべきだ、などと主張するわけではない。コンサルタントは状況に応じて、①専門家モデル、②医師―患者モデル、③プロセス・コンサルテーション・モデルを使い分ける必要がある(Schein 1999, Chap. 1)。

(5) より正確に言えば、シャインはこうした姿勢のもとで研究を行うことを「臨床的探究／研究」と呼ぶ。そこでは、研究者主導の調査では通常は得られないような、対象者自身が「私的すぎる」、「研究には関係がないだろう」と判断するようなデータをも得ることができる(Schein 2008)。

第七章　経営の創造機能

本章では、メアリー・P・フォレット（Mary P. Follett）、チェスター・I・バーナード（Chester I. Barnard）、ピーター・F・ドラッカー（Peter F. Drucker）の三人の理論から経営の創造機能について考察していくこととしたい。

三者が活躍した二〇世紀初頭のアメリカでは、大規模化していく組織をいかに合理的・機能的に動かして、その目的を達成していくのかが重大な問題となっていた。例えば、アメリカ管理論のはじまりとして位置づけられているフレデリック・W・テイラー（Frederick W. Taylor）の科学的管理も、その問題に応えるものとして提唱されたと言える[1]。科学的管理では、測定や分析という科学的手法によって、工場労働者の一日の作業量（＝課業）を数値として明確に設定し、作業方法についても労働者の動作一つ一つを分析して明示した。また、それらの設定のすべては経営者側が行い、労働者は決められた目標や方法に従って作業を行うという「計画と執行の分離」が採られた。目的達成に向けたこのような科学の手法に基づくさまざまな考え方や作業方法は、確かに生産性を著しく向上させた。だが同時に、決められた数値目標や作業工程を守ることを絶対化し、人々の考えや価値観の均質化、また人間性の抑圧を招くという事態をもたらしたのである。

こうした組織や社会の状況の中で、組織や社会の前進と一人ひとりの多様な人間性の成長とをともに実現させるものとして「統合（integration）」を提唱したのが、フォレット、バーナード、ドラッカーである。[2] 三者は、一人ひとりの人間が異なる考えや価値観を持っていることを認め、組織や社会は、その異なる考えや価値の「統合のプロセス」であることを主張した。統合のプロセスとは、相互作用の活動を通じて、関係し合う異なる考えや価値を、全体の視点を包摂した新たな考えや価値の創造へとまとめ上げていこうとする継続的な過程である。従って、三者が捉える経営の創造性は、このような統合のプロセスをその本質とする人々の協働から把握されると言うことができる。[3]

おもえば私たちが常に直面しているのは、異なる考えや価値を持つ他者とどのように協働していくかという問題ではないだろうか。今回のＣＯＶＩＤ-19の感染拡大によって顕在化した、情報機器を媒介としたコミュニケーションの問題や格差の問題等も、他者との関係性や協働の構築のあり方について問い直すことを、あらためて私たちに迫っている。三者が説く統合のプロセスと、それに支えられた相異する価値の統合からなる創造性の考えは、このような困難にある現在の私たちを導きうる重要な示唆になると考えられる。そこで、以降の各節では、フォレット、バーナード、ドラッカーが各々の理論において、どのように統合のプロセスを論じたのかを明らかにし、そのことを通じて、経営の創造機能とは何かについて考察していくこととしたい。

一　経営の創造機能を「統合のプロセス」として
はじめて定式化したフォレット

「統合」の社会的過程と「全体状況（total situation）」としての把握

経営の創造機能を、人々が異なる考えや価値観を持つことを前提とし、その相異性を人々の相互作用を通じて、より高いレベルの考えや価値にまとめ上げていく「統合のプロセス」としてはじめて定式化したのが、フォレットである。

フォレットが統合について考察するようになったのは、彼女の生きた時代背景が対立の時代と言われたことと関係している。一九世紀末から二〇世紀初頭にかけてのアメリカは、南北戦争後の急速な工業化と都市化、機械の導入による大企業化、第一次世界大戦の勃発、そして世界恐慌へと続く激動の時代であった。テイラーの「科学的管理」が提唱され、科学が哲学から離れて「作業の科学」となり、機能性追求の技術と結びついたのもこの二〇世紀初頭である。それはまた、人々が従来のコミュニティから引き離され、「高度成長の背後で生じた矛盾と対立」をもたらした時期としても把握される（三井 二〇一二、六頁）。フォレットが背景としたのは、工場における激しい労使対立をはじめ、「個人と個人」そして「個人と全体（組織）」また「全体と全体」の対立が先鋭化し、同時に、関係の中における機能性と人間性の問題が科学技術の導入と関連しながら社会問題として顕在化したときだったのである。

当時の組織や社会では、このような対立への対応として、相手の考えや願望（desire）を抑圧して自らの考えや願望に従わせようとする「支配（domination）」、あるいは、お互いが仕方なく考えや願望の一部を諦めるという「妥協（compromise）」による解決が図られていた。これに対してフォレットは、支配や妥協は考えや価値観の固定化・均質化を推し進めるものであり、そこからは何も新しいものは生み出されず、対立の連鎖からも抜け出すことはできないと主張する（Follet 1924, 翻訳書、一―二、一六四―一六六頁）。そして、人々がそれぞれに異なる文化などの背景を持ち、異なる考えや願望を持つことを前提とし、それらを犠牲にすることなく、皆が納得するものへとまとめ上げていく活動としての「統合のプロセス」を社会的過程としていくべきことを提唱したのである。

フォレット理論の最も大きな特徴は、「プロセス」としてすべてのものを把握する考え方である（三井 二〇〇九、五、五二―五三頁）。フォレットは、人も組織もすべてのものは相互に作用し合いながら創り出されていくものとして把握する。支配や妥協の社会的過程では、それぞれの考えや願望は、交わることがなく理解し合うことのない二項対立的なものとして想定されている。しかし、フォレットの考えに立てば、それぞれは二項対立的なものとしてではなく、お互いが作用し合いながら創り出しているプロセスにおける「状況（situation）」、「全体状況」にあるものとして把握される。そして対立と捉えられていた「コンフリクト（conflict）」は、状況における「相異（difference）」として把握されることになる。(4)

コンフリクトを全体状況における「相異」として把握することは、経営の創造機能を考えていく上において決定的に重要な意味を持っている[5]（三井 二〇〇九、一一―一二頁）。なぜならば、コンフリクトを相異として把握することによって、その相異を建設的なものへと統合していくことこそが、全体状況の前進をもたらし、全体を最も創造的、機能的にしていくという理解を可能にするからである。

フォレットのこうした考えは、当時の生理学や生物学、心理学における最新研究をベースに築かれた人間観に基づいている。それらの研究では、人はそれぞれに異なる考えや願望を持つ存在であるが、孤立して個々ばらばらに存在しているのではなく、相互に作用し合って存在していることが実証されていた（Follet 1924, 翻訳書、六頁）。フォレットはそうした科学的実証を基礎としながら、相克性へと向かっている人々の関係のあり方を建設的なものへと向けていく理論を構築し、統合のプロセスを提唱したのである。

新たな価値を創出する統合のプロセス――当事者としての経験――

では、人々の考えや願望の相異を統合していくプロセスは、具体的にどのようにして実現し、またそれはどのように創造性と結びつくのであろうか。

まず、統合のプロセスは、私たちの現実が、他者や全体との円環的反応として存在していることから説き起こされる。フォレットによれば円環的反応とは、自分の打ったボールに相手プレーヤーの変化が加わり、その返球にさらに反応していくテニスのプレーのように、「単にもう一つの活動に対する反応なのではなく、自己の活動と他者の活動との間の関係づけに対する反応」のことである（Follet 1924, 翻訳書、七二頁、Metcalf and Urwick 1941, 翻訳書、六二頁）。フォレットは、この円環的反応を通じてその瞬間瞬間にお互いの活動をいきいきと関係づけて、新たな活動を生み出していく関係づけの活動（the activity of relating）を「経験（experience）」として捉える（Follet 1924, 翻訳書、六四—六五、九一頁）。フォレットの独自性は、このような人々の「経験」により、統合の実現を論じていくところに求められる。

フォレットにおいてこのことは即ち、人々が活動の「当事者（participant）」になることを意味している。当事者になるとは、組織や社会での日々の具体的な活動において自ら観察し、自ら試し、その結果を他者の考えや結果と織り合わせていくことである[6]。当事者として経験することによってはじめて、人々の経験が本質を持つものになるとフォレットは論じている。ここでフォレットの捉える経験の本質とは、お互いが相手から潜在的な力を引き出し、エネルギーを解放していくこと、それによってお互いを自由にし続けていくことである。このことから、新たな考えや新たな価値が、関係しあう人々の協働全体から創出されていくことになるとフォレットは説いている。つまり、当事者として経験することで、人はその相互作用の活動の全体状況を掴み、そこから生じてくるものを知覚することができる。この知覚されたもの（percept）とこれまでの生活の中で定式化されてきた概念（concept）が統合されることによって、各々の考えや価値観、願望が、全体状況から再評価されていくことになる。つまり、知覚されたものと概念の統合、そして再評価を通じて、新たな考えや新たな価値が生成されていくのである。同時にそれは、それぞれの概念が新しくなることによって、一人ひとりの多様性を豊かに成長させていくことにもなる。

組織における「状況の法則」

このように経験の当事者となり、その経験が本質を持つことによって、人々の成長や多様性の充実を可能としていく統合のプロセスが実現していくことになる。従って、フォレット理論における経営の創造機能とは、一人ひとりが当事者として多様な人々との相互作用に臨むところから、全体状況として実現していくものとして示される。

実際の組織においてそれは、「状況の法則（the low of situation）」として提示される。[7] 状況の法則とは、命令を与えるということから個人的つながりを取り除き、関係者皆で状況の研究を行い、状況が示している内容を命令として受け取ることである（米田・三戸 一九七二、八三―八五頁）。これは、権限を持つ一人の人間が他の人間に命令し従わせるのではないということにおいて、「命令の非人格化（de-personalizing）」を意味している。そして同時に、皆が納得しうる決定を、発令者と受令者がともにその特定の状況からの命令として見出し、その命令を受容するということにおいて、「再人格化（re-personalizing）」を意味している（米田・三戸 一九七二、八三―八六頁）。即ち、状況の法則とは、協働の参加者全員を当事者とすることであり、それによってお互いの潜在する力やエネルギーを引き出し、全体としての機能性を最大化させていくことを目指すものであると言える。(8)よって、フォレットが論じる経営の創造機能は、人間性と機能性を統合していくものに他ならない。バーナード、ドラッカーの理論は、この人間性と機能性の統合を引き継いで展開されていくことになる。

二　バーナードの『経営者の役割』における経営の創造機能

公式化の時代と組織の理論

フォレットが基礎を築いた「統合のプロセス」を原木として、「組織の理論」をつくり上げたのがバーナードであった。

バーナードは、巨大化しつつあった企業の一つであるアメリカ電話電信会社（AT&T）の社員となり、後には経営者として二〇年余りも経営に携わっている。当時のアメリカは、大量生産・大量消費の確立を背景に、組織の成長に伴う公式化の段階が進んでいた。公式化の段階で必要とされたのは、職務の専門分化と、専門分化された職務を担う多くの人々の対立する価値や行動をどのように管理・調整していくのかということであった。そのために、職務の形式や内容を統一化・一般化する規則や手続きが導入され、公式のコミュニケーション経路を通じた情報の伝達処理システムが構築されていく。つまり、目的達成に向けたシステムが進展していったのである。それは同時に、機械化に合わせて専門分化しシステムとして複雑化していく組織の価値体系と、個人の価値の間に緊張を生じさせていくことでもあった（桑田・田尾 二〇一九、二七二―二七六頁）。こうした時代の中で求められていたのが、組織と個人を結びつけていく考え方であり、それを具体的な社会的過程として解き明かしていく組織の理論であった[9]。

さらに、一九三〇年代の大規模化した株式会社では、「所有と経営の分離」・「所有と支配の分離」という重大な変化が生じていた。企業の複雑化、株式の分散によって、それまで企業を動かしていた個人の大株主（＝出資者）の力が後退し、専門の知識と能力を持った「経営者」が実際の経営を担い、企業を支配するという変革が生じていたのである[10]。従って、バーナードは、主著『経営者の役割』の題名が示す通り、経営者の役割を中心として、組織の継続的な成立を目指して展開される経営の創造機能を、組織の価値体系と個人の価値の統合を軸に、構造的・過程的に論じていくことになる。

組織要因の成立としての創造機能

バーナードにおける経営の創造機能は、まずは、「貢献意欲」、「共通目的」、「伝達」という三つの要因を確保し続けて、組織を社会的過程として維持存続させていくこととして論じられる。人は、少なくとも一つの明確な目的のために他者と協働する（Barnard 1938, 翻訳書、六七頁）。そして、その目的の下にさまざまな人的要素、物的要素、社会的要素が結びつき調整されて、学校や病院、企業といった「協働体系」がつくられていく。これらの協働体系はさまざまな違いを持つが、「二人以上の人々の意識的に調整された活動や諸力の体系」ということでは共通している。バーナードはこの共通した内容を、「公式組織」として把握した。[11] つまり、公式組織は、統合要素としての「共通目的」のもとに、その活動や諸力を継続的に提供しようとする人々の「貢献意欲」が、その二つを媒介する「伝達（communication）」により結びつけられていくことによって成立するものとして理解される（Barnard 1938, 翻訳書、一四三頁）。よって、この「貢献意欲」、「共通目的」、「伝達」の継続的確保が、組織管理の課題となる。

私たち自身がよく知っているように、組織に属している人々は、一人ひとりがさまざまな考え方や価値観を持つ存在である。そしてその一人ひとりは、異なる動機や欲求を持って組織に関係している。つまり、人はそれぞれの個人人格を持って存在し、個人動機を持って組織に関係しているのである。しかし同時に、組織の中での職務遂行においては、組織の要求する職務を果たし、組織目的を達成するために意思決定し行動する組織人格としても存在している[12]（Barnard 1938, 翻訳書、八九―九三頁、経営学史学会編 二〇一二、二三六頁）。よって、それぞれの個人人格、個人動機を持つ人々に、いかにして組織人格として活動し諸力を貢献してもらうかが、組織の存続を決めることになる。[13] つまり、組織管理の課題に応えるためには、人々の欲求や動機を満足させうる「誘因」を提供し、それによって構成員に組織に参加し、活動や諸力を提供し続けてもらわなくてはならない。そこに経営の創造機能が求められるのである。

この個人人格と組織人格を統合させていく機能は、より具体的には、「有効性」と「能率」の概念により説明される。ここで「有効性（effectiveness）」とは、意図した目的の達成に関わる概念であり、協働体系の目的が達成された場合にはその協働は有効的であったことになる[14]（Barnard 1938, 翻訳書、二〇頁）。一方「能率（efficiency）」は、個人の動機満足に関わる概念である。組織目的の達成に向けたエネルギーは、個人から提供される活動や諸力を源泉とするのであり、個人の動機を満足させるに足るだけの物質的・心理的な誘因を提供して、「能率」を高めていくことが必要となる（Barnard 1938, 翻訳書、九六―九七頁）。さらに、有効性と能率を高めていくためには、個人の貢献を組織の目的へと結びつけていく伝達を成立させていくことが重要となる[15]。この伝達の成立を、バーナードは「権威（authority）」によって論じている[16]。一般的には、上位の職位にあり権限を持つ人からの伝達である場合に、その伝達は権威を持ち、それに従った行動がなされると考えられる。しかしバーナードは、伝達は受け取る側の受令者が、それを受け容れるときに権威を持つとする「受容説」を提唱する。そして、人々が伝達を受容できる状況として、㈠伝達の内容を理解できること、㈡伝達が組織目的と矛盾しないと信じられること、㈢伝達が自己の個人的利害全体と両立しうると信じられること、㈣精神的にも肉体的にも伝達に従いうることの四つの条件を示し、この条件が成立する状況を拡げて受容できるようにしていくことを説くのである[17]。

意思決定における道徳性の創造と経営者の責任

以上のようにバーナードにおける統合は、組織の価値体系と個人の価値を統合していくことであり、それを可能とするシステムの構築によって、組織の内的・外的均衡を図っていくことを、バーナードは組織の管理として論じる。さらに、その管理の本質は意思決定にあるとし、意思決定の機能を、目的と環境のあいだの関係を調節することであると把握して（Barnard 1938, 翻訳書、二〇三頁）、それを機会主義的側面と道徳的側面から説いていく。

機会主義的側面として把握される意思決定は、「ある一定の目的を前提として、現在置かれている客観的環境を分析し、目的達成のための適切な手段を選択する意思決定」である（Barnard 1938, 翻訳書、二二〇―二二一頁、経営学史学会編 二〇一二、二二一―二二二頁）。それはもちろん重要な意思決定であるが、統合においてバーナードが特に注目するのは、道徳的側面として把握される意思決定である。バーナードによれば、道徳とは、「個人に内在する一般的、安定的な性向」である。それは、社会的環境や物的環境における経験、生物的な特性ならびに種族発生の歴史、あるいは技術的な慣行や習慣などの外的な諸力から生じる、私的な行動準則であると理解される（Barnard 1938, 翻訳書、二七二―二七三頁）。このような個人の利害や私的準則を協働体全体に向けたものとしていくためには、組織の価値体系に多元的な個人の価値を統合していく過程を創っていくことが必要であり、そのためには、「道徳準則の創造」が必要であるとバーナードは言う（Barnard 1938, 翻訳書、二八四―二八六頁）。

活動や諸力を貢献してくれる人々に組織への定着欲求を起こさせるために不可欠なのは、管理者自らが組織のためにすることが正しいのだと確信し、その上で個人準則と組織準則とが一致しているという確信を、組織の構成員および非公式組織[18]に与えることである（Barnard 1938, 翻訳書、二九四頁）。そのために必要とされるのが、「道徳準則の創造」なのである。具体的にそれは、人々の多次元にわたる道徳性を統合しうる高い内容を持つ道徳的抱負、即ち、予見、ビジョンや長期目的、高遠な理想を提示し、幅広い道徳的基盤を創っていくことである。バーナードはこの創造機能が経営者にとって不可欠であるとし、単に道徳準則を遵守することに留まることなく、他の人々のために道徳性を創造していくことを、管理責任として要求する（Barnard 1938, 翻訳書、二九一頁）。即ち、管理の職位にある者には、異なる準則の対立に責任感と責任能力、活動性を持って対応することを求め、さらに経営者には、より高い責任感と責任能力を持って高次の道徳性を創造するリーダーシップを求めたのである。

バーナードが展開した異なる価値の統合は、統合の技術の構築としてそれを捉えることもできる（Barnard 1938, 翻訳書、三〇四―三〇五頁）。しかし、『経営者の役割』の結論部分では、「自由意思」を持った存在としての人間が「協働を選択する場合にのみ」その人格的発展を得ることができ、「各自が選択に対する責任を負うときにのみ」、協働の拡大と個人の発展を目指す精神的統合が生み出されることがはっきりと述べられている（Barnard 1938, 翻訳書、三〇九頁）。つまり、バーナードは、意思の自由を持つ人間の選択や責任に基づく協働においてこそ、組織の制約を超えていく創造性が生み出され、一人ひとりの多様な人間性の成長と結びついた組織や社会の前進をもたらす統合が可能になると捉えていたのである。道徳準則の創造は、こうしたバーナードの統合に対する考えを最も端的に表していると言えるであろう。

バーナードの組織の理論は、公式組織のみではなく、人が相互につながり合うことから自然発生的に生成し、感情の論理を基底とする「非公式組織」を含めて展開される。このような「全体としての組織とそれに関連する全体情況を感得すること」が、組織過程の本質であるとバーナードは言う。つまり、非公式組織をも含んだ組織過程の創造は、「状況の諸要素を識別する技術を越えるもの」のであり、「科学よりもむしろ芸術の問題」であると把握するのである（Barnard 1938, 翻訳書、二四五—二四六頁）。前節で見たフォレットも、全体を捉える知覚と概念の統合を、統合のプロセスにおける本質にあるものとして論じたのであるが、バーナードの理論においても、こうした全体情況の知覚や感得が、経営の創造機能の基礎をなしている。(19) 従ってバーナードにおける経営の創造機能もまた、機能性・科学性のみではなく、より高い次元としての、協働の拡大と個人の発展を目指し、それを可能とする「協働の経験」を創り出していく統合を目指すものとして把握できるのである（Barnard 1938, 翻訳書、三〇六—三〇七頁）。

三　制度としての企業における経営の創造機能を説いたドラッカー

「自由で機能する産業社会」の実現と企業の機能

ファシズムの進行によって故国オーストリアを離れざるをえなかったドラッカーが、アメリカに渡ったのは一九三七年である。その後の第二次世界大戦を経て、アメリカでは、企業規模の拡大がますます進み、大企業はもはや単なる社会の一単位として存在するのではなく、社会を決定づけ、社会を代表し、社会を動かしていく存在となっていった。ドラッカーはこのような企業を、「社会的制度（social institution）」として把握する（Drucker 1950, 翻訳書、三九―四四頁）。そして、自ら標榜した「自由で機能する産業社会」の実現を、社会的制度となった企業とそのマネジメントに託していく。従って、ドラッカー理論における経営の創造機能は、企業と社会の統合、自由と機能の統合を根底において論じられていくことになる。

ドラッカーの理論は、社会が商業社会から産業社会へ移行していくという独自の歴史観に基づいている。ドラッカーによれば、商業社会とは財産を中心とした社会であり、人々は所有する財産によって社会での役割や地位が決定づけられる。[20]これに対して産業社会は、いかなる組織に所属しどのような地位についているのかが、その人の社会的地位や社会的役割を決める、組織社会として把握される。よって産業社会における企業には、一人ひとりの人間に対して「位置」と「役割」を創り出す働きが求められることになる。ドラッカーにおいて位置と役割を創り出すということは、その位置と役割を担う人に、自らの職務に対する意思決定を行わせ、そのことに対して責任を持たせることを意味するものであった。即ち、組織を構成する一人ひとりに、「責任ある選択」を行わせるということである（Drucker 1942, 翻訳書、一三八―一三九頁）。そのときに企業は、一人ひとりに人間としての生きる意味を与えることができ、それが人間の行為体である組織を機能させることになると、ドラッカーは説いている。社会的制度となった企業が、以上のような内容を持つことによって、経済的機能のみではなく、統治的機能、社会的機能をも果たしていくことができるようにすること、そこから、企業と社会の統合、自由と機能の統合を実現していくマネジメントを遂行していくことが、ドラッカーにおける経営の創造機能となる。[21]

経営者のマネジメント機能――責任と自律性の創造――

では、現実の企業でそのようなマネジメントはどのようにして導かれるのであろうか。

ドラッカーは『現代の経営』（一九五四年）において、経営者のマネジメント機能を、㈠事業のマネジメント、㈡経営管理者のマネジメント、㈢人と仕事のマネジメントの三つで示している（Drucker 1954, 翻訳書、上、一二頁）。制度となった企業では、継続していくことが求められる。そのため、企業はそれまでの利潤追求原則ではなく、「企業維持原則」で動いていくことになる。

事業のマネジメントでは、企業を維持するための新たな事業の目標が「顧客を創造していく」ことになり、そのための基本的な機能として、マーケティングとイノベーションが行われることが説かれる。マーケティングとは、顧客の観点から顧客が製品に求めるものを、調査と分析に基づいて示す機能であり、イノベーションとは、「より優れた、より経済的な財やサービスを創造すること」である。ドラッカーは、こうしたマーケティングとイノベーションに基づく顧客の創造が、企業の組織における特定の部門のみによってなされるのではなく、「事業のあらゆる部門、機能、活動にかかわるもの」であると把握する（Drucker 1954, 翻訳書、上、四四—五五頁）。つまり、企業の創造性は、企業全体として生み出されていくものとして捉えるのである。そのため、マネジメント機能としては、組織の構成員の職務に対する動機づけをどのように行っていくのかが重要となる。これについてのドラッカーの考えが示されているのが、人と仕事のマネジメントである。

人と仕事のマネジメントでは、外からの強制によって仕事をさせるのではなく、それを内からの動機に変えていくことが提唱されている。この動機づけについて、従来は構成員への動機満足をもたらすことによる動機づけが行われていたが、ドラッカーは、「責任への動機づけ」を説いている。つまり、人の正しい配置や仕事についての高い基準、自己管理に必要な情報、マネジメントへの参画の機会を創り出すことにより、人々が「責任のある自律性」のもとで職務を遂行していくことが論じられる（Drucker 1954, 翻訳書、下、一八〇—一九二頁）。経営管理者のマネジメント機能は、このような責任を持つ人々の自律的な職務の遂行を融合させて、共通の目標に向けた一つの全体としていくこととなるのである。

自己統制による管理と分権制

組織の構成員が責任を持って自律的に職務を遂行していくマネジメントは、より具体的には、「目標と自己統制による管理」として提唱される。顧客の創造があらゆる部門や活動において行われるためには、事業を全体として見るところから、自分に求められている職務を理解することが必要となる。ドラッカーが提唱した「目標と自己統制による管理」は、この全体と自己の職務との関係の視点から、自らの目標を設定し、目標に向けた職務の遂行を自己統制によって行い、結果に対してしっかり評価を行うというものである。ドラッカーは、目標の設定、職務の遂行と統制、そして評価が、自己の責任で自律的に行われるときに、動機づけられた人々の活動によって組織が機能的になると捉える。同時にこの管理のあり方は、その活動が自らの決定、統制として行われるという点において、一人ひとりの自由を実現するものであると論ずるのである（Drucker 1954, 翻訳書、上、一八〇—二〇六頁、経営学史学会編 二〇一二、二九六頁、経営学史学会監修／河野編 二〇一二、五三—五五頁）。

ドラッカーは、この目標と自己統制による管理を実践していくための仕組みとして、第一線の現場でのマネジメントが、自らの職務に対する目標や方法等を意思決定できる権限を持つ「分権制」のあり方を提唱している。分権制というと、上から権限を委譲していくというあり方が考えられるが、ドラッカーの提唱する分権制は、従来の考えとはまったく異なっている。つまり、上位に集中する権限を下位に委譲していくのではなく、最も基本的なマネジメントの仕事は第一線の現場管理者にあるとの考えを基本とし、そこにあらゆる権限と責任を集中させていくという考え方を採るのである(Drucker 1954, 翻訳書、上、二二二―二二四頁)。現場にいて顧客について最も知っている人々が意思決定できる権限を持つことで、職務に対して責任を持って臨み、人々はそのことにより動機づけられていくことになる。

ここで重要なことは、こうした責任と自律性に基づく個々人の意思決定が、全体の視点と結びついていることである。そこには、社会的制度として社会への責任をも担うようになった大企業において、個々人の自由は、個々の責任ある意思決定=選択によってこそ達成されるのであり、そのような自己統制による管理が顧客の創造を生み出し、組織の機能性を最も高めていくとする、ドラッカーの考えが現れていると言える。このような意味で、ドラッカーは、責任を持って活動し意思決定する「自律的個人の協働」から、自由で機能する社会の実現を求めたと考えられるのである。

『現代の経営』の後、ドラッカーは、高度で専門的な知識を持つ知識労働者を中心とする知識社会の到来をいち早く見通し、組織的な知識創造活動について論じていく。しかしここでも、責任を持って活動し意思決定する自律的個人の協働から自由で機能する社会の実現を求める、というドラッカーの基本となる考えは変わっていない。組織において個々の労働者がその専門的な能力や知識を自由に発揮することを可能とし、同時に個々の専門的な能力や知識を統合していくこと、その専門性と知識の統合により協働からなる組織の創造性を確保し、組織を変革し続けて、急速に変化していく社会に対応していく機能と責任を果たしていくことを、知識社会のマネジメントは使命とするのである。(22)

こうした機能と責任を果たすために、ドラッカーがマネジメント・リーダーとしての経営者に不可欠であるとした資質は、「インテグリティ（integrity）」である。インテグリティとは、統合を求め、統合を生み出す心と捉えられるが（三戸 二〇〇二、一三六頁）、このインテグリティがあってこそ、未来を見通し、未来と現在、また過去と現在という時間を統合し、機能と責任そして自由を統合していくことが可能となる（Drucker 1954, 翻訳書、下、二九七―二九八頁）。機能と責任が、インテグリティという根本的な人間性に支えられて導かれるものであることに、フォレットやバーナードと共鳴し合うドラッカーにおける経営の創造機能の考え方を読み取ることができる。

四　フォレット、バーナード、ドラッカーにおける経営の創造機能からの示唆

これまで、統合のプロセスを中心として、フォレット、バーナード、そしてドラッカー理論における経営の創造機能について見てきた。フォレットは当事者としての経験における知覚されたものと概念の統合を軸に、バーナードは全体情況の感得からなる道徳性の創造に基づく組織人格と個人人格を統合する組織の理論として、ドラッカーは自律的個人による自由で機能する社会の観点から、相異する価値の統合を論じていた。三者は、それぞれの時代が求めるものの違いや企業の発展段階の違いを背景として持ちながらも、新たな考えや新たな価値を創り出す活動それ自体に目を向け、その動態性

を創出し続ける統合の機能へ注目した点で通底していた。さらに、そのプロセスやシステムを論じるにおいても、科学的な理解のみではなく、科学的なものをも包含する人間的なものを理論の基礎に置いていた。つまり、三者はともに、それなくしては相異する価値の統合はありえないという核心に、人間を中心とする統合のプロセスからなる創造性を置いたのである。

このような三者の考えから、私たちは、異なる考えや異なる価値を統合に向けていくための創造機能として何が必要かについての重要な示唆を受け取ることができる。それは一つには、概念の抽象化や固定化を超えていく人間協働という現実の活動の重視である。近代以降の社会は、科学を中心とする社会であったと言われる。だが、例えばフォレットは、そこに自らの経験の擬制ともいうべき「代替的経験（vicarious experience）」の拡がりを読み取っている。代替的経験とは、近代科学に基づく「正確なる情報」や「客観的事物」を真理とし、専門家から示されるそうした考えや法則を鵜呑みにして従うというあり方である（Follet 1924, 翻訳書、一五頁）。これは、機械的・効率的に職務を進めていくには適したあり方であるかもしれない。しかし、代替的経験は、概念を抽象化し固定化していくものであり、多様な考え方や価値観を受け容れがたくする危うさを持っている。従って、知覚したものとの統合によって新たな概念を生成し続けていけるよう、人間が協働して行う現実の活動に常に立ち戻ることが必要となるのである。

現実の活動に立ち戻ることとつながって示されるのが、創出される状況がもたらす結果に対しての責任を引き受けることである。三者は、自ら意思決定を行いうる自律した個人として人間を捉え、同時に、他者と相互に作用し合って創られる全体との関係にあるものとして人間を捉える。これは、自らの活動が関係して創出されたあらゆる全体の状況に対して、一人ひとりが責任を持つことを説くものとしても理解できる。意図した結果に対してのみではなく、意図しない結果をも含めて、その責任を皆が当事者として引き受けることが、統合に向けて必要となるのである[23]。

テイラーにより科学的管理が提唱されて以降、経営の創造機能は、組織の目的をいかにして機能的・効率的に達成できるかを中心にして捉えられてきた。人間性はそのための手段として扱われることも多くあった。しかし、フォレットやバーナード、ドラッカーの理論は、機能性と人間性を相反するものとしては捉えず、自由で多様な存在としての人間に目を向け、異なる考えや異なる価値を生かす方向へと統合していくこと、そのような統合に向かう協働を築いていくことを論じ、提唱している。三者の理論に基づけば、このような人間の成長と多様性の充実と結びついた相異する価値の統合のプロセスにおいてのみ、組織や社会を前進させていく新たな考えや価値が創出されるのであり、経営の創造機能の核心は、ここに求められると言える。地球環境問題や資源の問題等により地球の有限性が示され、多くの問題に直面する現代社会を、未来に向かって拓いていくためには、三者が解き明かした相異する考えや価値の統合を本質とする経営の創造機能に、私たちは今一度立ち返る必要があると考えられるのである。

（西村　香織）

注

（1）テイラー自身は、一九一二年の「テイラー証言」において、科学的管理は単に合理性や機能性のみを追求したのではなく、「経験から科学へ」と「対立から協調へ」の両方を目指すものであることを証言している。それはまた、『科学的管理法』の中にも示されている（Taylor 2006, 翻訳書、三三三頁）。

（2）フォレットの理論を、統合理論として明確に把握し、バーナード、ドラッカーの理論との結びつきを論じたものとして、三戸公教授の研究がある（代表的なものとしては、『管理とは何か』）。第七章では、三戸公教授をはじめとしてこれまでの多くの先行研究に教えられながら考察を進めている。

（3）統合のプロセスについては、フォレットの論文“Psychological Foundations of Management”（1927）（翻訳書では「統制の心理」）の中では、「相互作用（interacting）―統一化（unifying）―創発（emergence）」として示されている。なお、「統制の心理」は、Metcalf and Urwick（1941）, 翻訳書、二五二―二八八頁に収められている。また、「統合化」の考えについては、特に三井（二〇〇九）を参照している。

（4）フォレットは、次のように述べている。「つまり、対立自体が善であるとかあるいは悪であるとかと考えないこと、従って、あらかじめ倫理的な判断をしないで対立のことを考えること、また対立（conflict）は戦いであると考えないで、相違、利害の相違が表面に出たものであると考えることである。というのは、対立の真の意味がそうだからである。対立は相違（difference）という意味である」（Metcalf and Urwick 1941, 翻訳書、四一―四二頁）。

（5）例えば、三井教授は、「フォレットは、コンフリクトの解決方法こそが組織の動態化の契機であると捉えたのである」と指摘している。

（6）フォレットは牧畜家の例で次のように示している。乳牛に与える飼料の成分、タンパク質や脂質などの割合については農業試験場の専門家によって明示されている。しかし、何種類かの飼料をどのように配合して乳牛に与えるか、そのときの乳牛の色艶などの健康状態がどうであったかを観察することは、牧畜家でなければ行うことはできない。配合を試し、観察した結果を他の牧畜家や試験場の専門家の考えや結果と織り合わせていくことができれば、その地域の牧畜業全体にとって最もふさわしい飼料の配合等を導き出していくことにもつながる（Follet 1924, 翻訳書、二九―三〇頁）。フォレットは、このように行う人を「参加観察者（participant-observers）」として表している（Follet 1924, 翻訳書、三一頁）。

（7）即ちフォレットは、社会的過程としての統合プロセスを、「人と人との調整過程、および人と状況との調整過程」として把握し（Follet 1924, 翻訳書、一三一頁）、その調整機能＝管理機能を、人々を関係づけの活動の当事者としていく「状況の法則」として提唱していると言える。

（8）三戸公教授は「統合を求めるということは、まさに機能主義にほかならず、またそれは人間性に立脚し人間の成長・成熟を目指すものでもある。まさに、機能主義即人間主義、人間主義即機能主義の理論として、フォレットは統合論を展開しているのである」との理解を示している（三戸 二〇〇二、一三〇頁）。

（9）バーナードは当時の状況について、「社会改造の文献において、現代の不安にふれない思想は一つもないが、具体的な社会的過程としての公式組織に論及しているものは事実上まったく見当たらない。社会的行為は主としてこの社会的過程によって遂行されるのに、この具体的過程はほとんど完全に無視され、なんらかの社会的条件や社会的情況を構成する一要因にもされていない」と述べている（Barnard 1938, 翻訳書、三頁）。

（10）「所有と経営の分離」・「所有と支配の分離」は、バーリとミーンズの『近代株式会社と私有財産』で示された。二人は一九二九年の時点でアメリカにおける資産額最大二〇〇社の株式所有状況を調査し、四四％の会社が経営者支配になっていることを明らかにした（経営学史学会編 二〇一二、三一〇頁）。ロバート・A・ゴードン（Robert A. Gordon）も、一五五社の実態研究に基づいて、経営者の機能が、意思決定を行うチーフ・エグゼクティブと、さまざまな利害関係者の調整を行うエグゼクティブ集団によって担われるようになり、企業全体の進むべき方向・長期的視点を指し示す役割を担うようになったことを明らかにしている（経営学史学会編 二〇一二、四二、一五三頁）。

（11）ここでは公式組織は、それ自体が実体を持つものとしてではなく、人間の活動、行為を素材とする社会的創造物として捉えられている（Barnard 1938, 翻訳書、八四頁）。

（12）またバーナードは、協働や組織を、「観察、経験されるように、対立する事実の具体的な統合物であり、人間の対立する思考や感情の具体的な統合物」とも述べている（Barnard 1938, 翻訳書、二二頁）。

（13）管理者の機能についてバーナードは、「管理者の機能は、具体的行動において矛盾する諸力の統合を促進し、対立する諸力、本能、利害、条件、立場、理想を調整することである」（Barnard 1938, 翻訳書、二二頁）と述べている。

（14）組織を継続していけるかどうかは、「目的を遂行する能力」にかかっている。だが、目的が達成されるだけでは、組織を継続していくことはできないと、バーナードは言う。組織の目的は、専門化なしには達成されない。そのため、組織全体の目的は、専門化された単位組織ごとのより具体的な特定の目的に分かれている。組織の継続のためには、この特定の目的を日々の職務の実行を通じて更新し、有効性を高めていくことが必要となる（Barnard 1938, 翻訳書、九五頁）。

（15）伝達の重要性について、バーナードは次のように述べている。「この伝達体系ないしその維持は、公式組織の基本的な、あるいは本質的な継続的問題である。有効性ないし能率――すなわち組織の存続要因――に関する他のあらゆる実際的な問題は伝達体系に依存している」(Barnard 1938, 翻訳書、一八四頁)。

(16) 権威は、バーナードにおいては「公式組織における伝達(命令)の性格」と定義される(Barnard 1938, 翻訳書、一七〇―一七四頁)。

(17) バーナードは、伝達の権威を論じるにあたっても、組織構成員の共同体意識について論述している。人々は、行為の責任を組織に委譲したり、組織の利益を重視するという、組織の構成員としての共同体意識を持ち、そうした組織構成員としての人格が伝達を受容させていることを指摘しているのである(Barnard 1938, 翻訳書、一七八―一七九頁)。

(18) バーナードによれば、非公式組織とは、「個人的な接触や相互作用の総合、および……人々の集団の連結」を意味する。バーナードは、「非公式組織は、その密度の程度のさまざまな集合体」であり、「どんな公式組織にもそれに関連して非公式組織がある」とし、『経営者の役割』の中で、非公式組織と公式組織との関係、公式組織における非公式組織の機能などについて論じている(Barnard 1938, 翻訳書、一一九―一二〇頁)。

(19) フォレットやバーナードは「個と全体」の相互作用に基づく統合のプロセスを中心に理論を展開している。そこには、アルフレッド・N・ホワイトヘッド(Alfred N. Whitehead)の有機体論が深く影響していたと考えられる。ホワイトヘッドは有機体を、全体性、能動性、過程性を持つものとして説き、この「有機体の哲学」が、フォレットの統合のプロセスからなる新たな考えや価値の創発、そしてまたバーナードの個人の貢献意欲と組織目的の統合や道徳性の創造の考えへと結びついていると把握される(村田 一九八四、第五章および第八章を参照)。

(20) 商業社会では、例えば多くの資本を所有するものは資本家として、土地を所有するものは地主として、労働力を所有するものは労働者として社会に関係づけられていた。商業社会と産業社会について詳しくは、Drucker 1942, 翻訳書を参照されたい。

(21) 経済的機能とは経済的成果を達成する機能であり、統治的機能とは権限関係により組織された集団として果たす統治の役割をいう。そして社会的機能とは、「工場共同体」として企業自らが社会的な場の機能を果たしていくこととして把握される(経営学史学会監修/河野編著 二〇一二、四二頁)。

(22) 知識社会について詳しくは、Drucker 1968, 翻訳書を参照されたい。

(23) 三戸公教授は、人間行為が意図した目的的結果とともに必ず意図しない随伴的結果をも生ぜざるを得ないとし、両方を考慮に入れた複眼的管理の必要性を説いている(三戸 二〇〇二、一九二―二〇五頁)。

第八章　創造的経営者のデザイン思考

本章では、創造性概念の系譜を整理し、二〇〇〇年代中頃から注目を集めたデザイン思考を歴史的文脈の中で捉え直し、その後二〇一〇年代後半から議論されているアート思考が要請される流れを追う。その中で、まず創造性が一八世紀後半から始まる近代特有の概念であることを確認し、近代の枠組みが力を失う現在において、創造性をどう捉えるべきかを議論する。また、近代の創造性概念の基礎となる美学＝感性論（aesthetics）の本来の意味に立ち戻り、それが現在の社会において要請されるようになった背景を明確にし、今後求められる創造性のあり方を提案する。

一　近代の生み出した創造性

創造性は、近代特有の概念である（Reckwitz 2012）。近代が個人という概念を生み出し、個人の内なる自然から湧き上がる創造性に基づく世界創造の理念をもたらした（Taylor 1989）。近代が厳密にいつから始まるのかは視点によって異なるが、一八世紀末にフーコー（一九六九）が言うような「断絶」が起こると考えることができるだろう。ここで、一八世紀末というのは、一七八九年のフランス革命の動揺に象徴され、一七八〇年代のイマニュエル・カント（Immanuel Kant）の批判書を頂点とする啓蒙主義、一七七五年にジェームズ・ワット（James Watt）がマシュー・ボールトン（Matthew Boulton）と会社を起こし発展する産業革命、そして一七九八年にフリードリヒ・シュレーゲル（Friedrich Schlegel）が命名することになるロマン主義という近代芸術が生まれる時期である。

ここで重要なのは、創造性がロマン主義芸術において範例として生じるとき、ロマン主義芸術は、資本主義や啓蒙への反発から生じているという点である（Taylor 1989）。ロマン主義は、資本主義の目的のために最適な手段を選択し利益を最大化する道具的合理性、啓蒙の不可知なものを退け限定された確実な情報に切り詰める合理主義には収まらないものを捉えようとする。しかし、ロマン主義は資本主義や啓蒙主義以前に戻るということは志向していない。むしろ、伝統的な枠組みを破壊し、そしてそれを担う天才的芸術家という啓蒙の人間主義を受け入れている。そしてその芸術家は宮廷に抱えられるのではなく、ブルジョワ市場によって独立して自らの価値を売り出すという資本主義の精神にも支えられている。創造性は、この複雑な関係の中で捉えなければならない。

近代は、従来の模倣としてのミメーシスの枠組みを脱皮し、天才的個人が次々と新しい表現スタイルを生み出し続けるという創造性を原理としている（Reckwitz 2012; Taylor 1989）。この創造性において中心的となるのが、美学（aesthetics）である。Aesthetics（ギリシャ語 aisthēsis）はもともと感性に関わる学を意味していたが、一七三五年から五〇年にかけてバウムガルテンが、芸術を対象に議論し始めたことで、美学の意味を持つようになった（Baumgarten 1750）。しかしこの概念が展開され、近代の美学の基礎を築いたのは、カント（一七九〇）の『判断力批判』である（de Monthoux 2004; 小田部 二〇二〇）。ロマン主義により創造性が生まれたことは、美学が確立したことと同時期の近代の現象なのである。

カントは美的判断を定式化し、自然や芸術作品の美しさを含めて議論した。何かを美しいと判断する美的判断は、認識（悟性）による概念が関与しない直接的で主観的な判断である一方で、すべての人が同意しうる普遍的な理念にも関わるものと捉えた。カント自身には美学を提唱する意図はなかったものの、美的判断を解明するにあたり、美および芸術に与えた考察が、その後の美学を決定づけた。

カントにとって、美的判断の要点は、それが「関心」を持たないことである。美しいものを見るとき、それ自体を評価しているのであって、それが何かに役に立つこと、あるいは倫理的に妥当であることの事情は排除されなければならない。関心には二種類がある。一つには、個人の欲求に関わることである。美的判断には欲求は関わらず、純粋に形式的なものでなければならない。もう一つは、道徳的な価値である。道徳的に正しいのかどうかが判断に関わるなら、美的判断ではない。そして、そのためには、美的判断には論理的な「概念」が関与しないことが求められる。概念から独立した、構想力の自由な動きが、美的判断の中心に置かれる。そして、カントは美的判断の対象の「目的なき合目的性」を主張する。つまり、人々の関心を呼び起こそうという目的を持たないにもかかわらず、人々にとって快の感覚を生じさせること、つまり目的に適ったものであるということが重要である。そして、関心を持たないが故に、それが実質ではなく形式に関わり、万人の合意を求める普遍性を持つとされる。通常の認識は概念に統合されることにより、万人に論理的に同意可能となると考えられるが、美的判断においては、むしろ概念と関わらず個人が純粋に関心ぬきで判断することが、個人の事情が入り込む余地がなく、普遍的な判断となると説明される。

そして、そのような美を生み出せるのは「天才」の技だということが主張される。天才自身も、どうやって生み出すのかわからないような「独創性」が求められる。事前に決められた規則に従っても、このような美は生み出せない。むしろ、新しい規則を芸術に与えるような天才性が必要である。規則が説明できないため、他の芸術家は天才による作品から直接刺激を受けるため、この天才は範例的とされる。この範例のもと、流派が形成されていく。

この認識とも道徳とも距離のある、中間的な美的判断がなぜ重要なのだろうか？　カント自身の理論を離れて、その後の社会の変化を紐解く上で重要となる二つの点に軽く触れ、以降の節で詳しく議論したい。一つは、関心が入らないということが、近代社会そして資本主義と対立するという問題である。資本主義が大きく発展し、産業革命がうねりを上げていた時期において、資本主義の道具的合理性は、目的に従って最適な手段が選ばれる効率性が重視され、量的に表現できないことが関わる余地が少なかった。このとき、関心のない美的判断が目的と手段の連関を宙吊りにするものであるということは、道具的合理性に対立する概念、あるいは少なくとも相容れない概念であると言える。その後、芸術が資本主義社会と対立していく歴史の原点を見て取ることができる。

もう一つの点は、美的判断が物質的、感性的なものからの自由だけではなく、道徳的な価値からの自由としても捉えられたことである。ロマン主義は、資本主義への反発であると同時に、啓蒙への反発でもあった。特に啓蒙主義を経て近代は感性的な判断ではなく、論理的な理性による思考が重視される傾向にあり、美的判断はその傾向に対立するものとして捉えることができる。この点は、カントに刺激を受けたフリードリヒ・シラー（Friedrich Schiller）によって積極的に捉え直されていく。シラーは、一七八九年のフランス革命後の恐怖政治を目の当りにした経験が、理性概念による政治への危機感を強めたと言われている（小田部 二〇二〇）。美的判断の道徳性は、理性による道徳性とは違う水準で捉えなければならないことを意味する。

二　芸術と資本主義

芸術が資本主義と対立するに至る流れを確認することで、芸術の持つ創造性が社会の中でどういう位置を占めるのかを見てみよう。芸術という用語が生み出され、芸術が社会において自律した領域を形成し始めたのは、一八世紀中頃である。その頃までは、芸術家は権力者をパトロンに持ち、王室の権威に基づくアカデミーを形成した。権力に対する批判性は明確には見られない。しかしながら、一九世紀以降、芸術が既存権力に対して批判的な態度を持ち始める。

フランスの事情を簡単に見るのがわかりやすい（Bourdieu 1982）。革命の後、地方から芸術家を志望する若者がパリに集まった。彼等は経済的には恵まれず、貧しい生活を強いられる。彼等にとっては、アカデミーも、権力者をパトロンとして持つ古いタイプの芸術家も、批判の対象となる。そして、当時は作品を売ることで生計を立てる民主的なアート市場が生まれつつあった。特に、劇作家や小説家は、人気のある作品を書くことによって、経済的にも成功することができた。一方で、ブルジョワ受けのする低俗な作品は批判され、わかりにくい芸術性の高い作品が尊敬を集めることになる。

これらの若い芸術家は、貧しいながら独自のライフスタイルを実践し、ボヘミアンを形成した。そのファッションはブルジョワ層が真似るなど注目を集めることもあった。ボヘミアンはブルジョワという権力と資本に結びついたものを批判しながら、同時に大衆受けするものを批判することで、ある種のエリート主義を体現していた。このとき生じる「芸術のための芸術」と呼ばれる運動は、まさに芸術が資本や権力にこびるのではなく、芸術そのもののために実践するべきと謳ったのである。

その後、芸術は社会の中で相対的に自律した場を形成する（Bourdieu 1982）。このとき、芸術は資本主義を批判する論理を形成していく。つまり、資本主義で成功することは、芸術場（領域）における失敗を意味するというわけである。売れない芸術家の方が、芸術家としては価値があるという観念である。一方で、資本主義も、芸術のように、量的に計算し論理的に予測できないものを排除することになる。大量生産は、安く多く作ることに徹し、多くの粗悪品を作り出した。そして、消費者にとって魅力的な商品に見せるために、人工的な偽物の装飾を付与していった。

芸術と資本主義の関係において重要なのは、一九世紀半ばにおけるジョン・ラスキン（John Ruskin）の思想である。ラスキンは、大量生産による粗悪品の背後には、賃金を得るために働く作り手の疎外があることを指摘し、中世のギルドを理想とする世界への回帰を主張した。特に、ゴチック建築を理想として語る（Ruskin 1851）。ゴチック様式の建築物は、グロテスクな彫刻が配置され、右の塔と左の塔がばらばらであるなど、統一感もあまりない。これは作り手である職人が、楽しみにながら作ったことを示している。これらの無名の職人の闊達な生が見てとれる。この思想に強く影響を受けたのが、アーツ・アンド・クラフツ運動を主導したウィリアム・モリス（William Morris）である（富本 一九八一）。職人による手仕事に回帰し、壁紙、ステンドグラス、家具などを製作した。しかし、手仕事で丁寧に作るということは、商品が高価になり一部の裕福な人々にしか手に入らないエリート主義に陥ることも意味していた。機械生産の粗悪品と手作りの高品質な商品との間には強固な二元論があったと言える。

しかし、すでに新しい美の可能性が生まれつつあった（Pevsner 1949）。鉄で作る建物や橋など、これまでは考えられなかったものが可能になったのである。一九五一年のロンドン万博における水晶宮は、鉄を骨格としたガラス張りの画期的な建物であった。ラスキンやモリスはこれを嫌ったと言うが、このような鉄の建造物は広がっていく。パリでは鉄でできた屋根つきのアーケードであるパサージュが生まれ、商品が陳列され人々を魅了した（Benjamin 1982）。しかし、このような動きは、二〇世紀初頭までは、大部分資本主義に迎合するものとして退けられていたことも事実である。二〇世紀に入ると、機械を肯定する動きが生じる。イタリアの未来派は、機械を用いて高速で走るような体験を賛美した。同時に、一九〇三年に始まるウィーン工房など、その前のアート・ヌーヴォーの曲線を排する直線的な様式が生まれる。そして、一九〇七年に設立されたドイツ工作連盟が決定的意味を持った（Pevsner 1949; 高安 二〇一五）。工業生産を肯定しながら、商品の質の向上を目指した。これを率いたヘルマン・ムテジウス（Hermann Muthesius）は、一九一四年に「標準化」を提唱する。つまり、芸術家や職人の手仕事ではなく、規格化されたものを作るということが肯定されるのである。さまざまな反対が表明され、ムテジウスも部分的に撤回することになるが、この考え方は一九一九年の新しい造形大学バウハウスの設立につながった。初期のバウハウスはまだ職人の手仕事や、芸術家の個人的な様式を重視していた。しかし一九二二年の論争において、校長のヴァルター・グロピウス（Walter Gropius）は機械生産を重視する姿勢を鮮明にし、デザインのモダニズムが決定づけられる。表面の装飾を排し、幾何学的で、機械生産に適したデザインが、美しさであることが示された。

このようにデザインにおいて芸術が機械生産と結びつく一方で、芸術においてはキュビズムに始まる抽象化が進み、同時に一九一〇年代にはダダやロシア構成主義などアバンギャルドが起こり、シュールレアリズムを通して、ますます自律化し芸術が純化していく。自ら以外のものに依存することを排除していった結果として、抽象化が進み、よりそのエリート主義的志向を強めていく。そして、芸術が資本主義社会から離れ自律化していくと同時に、アートマーケットが成熟し独自の資本主義社会を形成していく複雑な構造が生じる。

以上のように、芸術と資本主義の関係は入り込んで複雑になっていくが、理念としての、芸術と資本主義の対立関係は、人々にとって現実的なものに感じられた。その後、以降で見ていく通り、一九六〇年代以降には、モダニズム芸術は力を失い、同時に資本主義も行き詰まることになる。

三　システムの科学

近代という時代において、資本主義と芸術が対立して発展してきたことと並行して、デザインと科学も対立してきた。ハーバート・A・サイモン（Herbert A. Simon）が一九六九年に『システムの科学』においた提案した「デザインの科学」は、科学とデザインの対立を乗り越えることを企図したものであった（Simon 1996）。デザインの科学は人工物に関わり、それをデザインする人の目的が介入する。自然科学は、ものごとが「どうある」のかを説明するが、デザインは「どうあるべき」かを議論する。さらに、人工物を扱うとき、それは法則的な必然性（necessity）に従わず、そうならない「かもしれない」という偶有性（contingency）を抱える。これは、「行動システムが環境に完全には適用しえないこと」つまり、「合理性の限界」の故である（p. ix）。自然科学の側に合理性があり、デザインには合理性の限界があるという図式は、芸術と資本主義的道具的合理性の対立に重なる。

このようなデザインが科学と対立し、また科学に駆逐されてきたことを憂い、サイモンはデザインの科学を再興させようと提案する。しかし、サイモンは、デザインの科学において、「べきである」という命令論理をしりぞけるのである。「なぜならデザインに関する諸要件は、通常の叙述的な論理を慎重に使用することによって、十分に満たされうることが示されるからである。かくして命令法に特有の論理の必要性は存在しない」（p. 139）。サイモンにとって、デザインとは、最適化であり満足化である。さまざまな選択肢を「探索」し目的関数に照らして「評価」をすることを繰り返し最適な価値を得るのである。問題が複雑になれば、問題をいくつかの半独立な部分に分解し階層構造を構築することで対応する。サイモンはこのように、デザインを、一般的な問題解決に落としこむ。

作曲のような芸術的な「デザイン」においても同じである。「作曲を一つのデザイン問題と見るならば、外部環境についてわれわれは、他のデザイン問題において行っているのと同じ仕事、即ち代替案の探索、評価、および表現の仕事に直面するのである」（p. 163）。サイモンは、デザインの芸術的側面に関しては、ほとんど無視している。バウハウスの中心的メンバーであったミース・ファン・デル・ローエとの会話が紹介される箇所では、芸術的な目的は厄介なものとして扱われている。「もし顧客がもっと建築に対して功利的な態度を示し、芸術家の考える美しさのために自分の欲する実用性を犠牲にすることを好まないとすれば、両者の関係は不信と疑念とに陥ることになるであろう」（p. 181）。しかし、美しさと実用性は対立するものではないことを示したのがバウハウスである。

サイモンの意図は自然科学を放棄することでも、厳密ではない技能的なものに戻ることでもなかった。「専門学部はやがて、デザインの科学を、即ちデザイン過程に関する知的に厳密で分析的な、なかば定式化できなかば経験的でかつ教授可能な、そういった学説体系を見出しかつそれを教えるようになるにつれて、再び専門的な責任を果たせるようになる」(pp. 134-135)。デザインの科学は、デザインと自然科学の対立を乗り越えることができただろうか。この点について考察するために、社会計画というデザイン領域に関連して、サイモンによる興味深い問題提起に焦点を当てたい。一つは誰がデザインするのかという問題であり、もう一つはデザインの目的をどう設定するのかという問題である。

誰がデザインするのかという問題は、次のように説明される。「計画対象になっている組織や社会のメンバーは、決してたんなる受動的用具ではない。彼ら自身が、つくりあげられたシステムを自分の目標追求のために利用しようとする、デザイナーなのである」(p. 184)。利用者自身がデザイナーであるとき、デザインは可能か? サイモンの回答は、バーナードの組織理論における「誘引と貢献のバランス」として、つまり組織のデザインとして捉えることである。「誘因とは組織役割の遂行の見返りとしてメンバーに与えられるものであり、また貢献とは、組織目的達成のためにメンバーが組織に与えるものに他ならない」(p. 184)。あるいは、計画作成者と計画を立ててもらう人との間の「ゲーム」として、二プレーヤーゲームにおける探索問題としても捉えられる。計画作成者が「手を打つ」と、それに影響を受ける人が別の手を打つという、チェスのゲームのように定式化される。つまり、社会計画というデザインに加えて、参与者がそのデザインにどう反応するのかという別のメタなデザインが、同じ一般的な問題解決の方法論として定式化されるのである。

言い換えれば、計画に影響を受ける参与者自身の行為が問題となるとき、人工物のデザインは閉じられた問題解決ではなくなる。他者の持つ外部性を、組織の設計やゲームの探索に還元することはできない。一つのデザインがそのように破綻することで、それを包含したメタなデザインが持ち出されるが、これは同じもののデザインなのだろうか。サイモン自身が参与者自身も「デザイナー」であると書くとき、本来はデザインとデザイナーの意味を再検討し、閉じられず開かれたデザインを模索する可能性を示唆していたはずである。この点はこれ以上考察されていない。

デザインの目的に関しては、「目標がない場合の計画設定」(p. 195) として議論される。目的が明確でなくても、探索による「発見」はありうると説明される。ここでの目的は「おもしろさ」や「珍しさ」という漠然としたものとして設定できるという。そして究極的には、デザイン活動そのものが「目的」であるとも言う。「可能性を頭に描きそれを精緻なものに仕上げていく行為は、それ自体が楽しくかつ有意義なものである」(p. 198)。デザインの目的が存在しないとき、あるいは計画すること自体が目的となるとき、「おもしろさ」や「楽しさ」が突如出現するのはどういうわけだろうか。「おもしろさ」と「楽しさ」は科学の合理性から排除されるのだとすると、それが再導入されるのは、科学的な枠組みの限界に直面したときと言えるかもしれない。

システム理論が発展し科学的な枠組みに信憑性のあった時代において、デザインはその限界点としての外部性を構成していたと考えられる。サイモンの功績は、外部性であるデザインを科学の「中」

に収めようと限界まで試みたことであり、それによりデザインの外部性が明らかにされたことである。サイモンがこの外部性を見定め予見したように、デザインが科学との関係でより重要性を持つようになっていく。

四　デザイン思考

デザイン思考は、米国デザイン会社ＩＤＥＯによって、二〇〇〇年代中頃に提案された（Brown 2009）。その基本的なアプローチは、デザインの思考方法を身に付けることで、誰でもデザイナーのように仕事ができるというものである。ＩＤＥＯでは、美大出身のデザイナーだけではなく、ＭＢＡを取得したマーケティング専門家や事業企画専門家、心理学者などが活躍していた。同時に、プロジェクトがより広範囲になり複雑になるにつれて、クライアントも一緒に実践できるように仕向けることが重要となってきた。そこで、デザイン思考は誰でも実践できることをより強調することが求められたのである。

デザイン思考は、現場で自分の体験を通して洞察を得て、従来の枠組みに囚われず発想し、すぐにプロトタイプを作り検証するというサイクルを繰り返す。利用者から離れて分析し、構想するのではなく、まったく新しい視点を獲得しデザインすることを目指す。デザイナーの思考に関する研究は、すでに八〇年代から蓄積されていた（Cross 2006; Lawson 2005; Rowe 1991）。これが方法論として提示され、そして人々が実践できる素地ができたのが、二〇〇〇年以降と考えることができる。

デザイン思考はなぜこの時期に要請されたのだろうか。資本主義は、芸術を取り込む動きである、商品の美学化（aestheticization）を進めてきた（Böhme 2016; Reckwitz 2012）。つまり、資本主義は芸術を締め出したが、同時に芸術から表面的に美しさの要素を借りることで、商品の価値を維持してきた。これが資本主義におけるデザインの役割である。美学化は一九世紀後半から見られる傾向であるが、消費者文化が特に花を開くのが、戦後のベビーブーマーが大人になる六〇年代である。六八年の若者の異議申し立ては先進国の資本家や政治家を震わせた。ボルタンスキーとシャペロによると、この異議申し立ては、自分たちの個性を表現したいという「芸術家的批判」に本質があった（Boltanski and Chiapello 1999）。資本主義社会は商品を美学化し、消費者が身につけて個性を表現することでこれらの批判を回収していった。

当初は、美学化は表面的に美しさを付与するような身振りであったが、次第に本当の意味で芸術を取り込む必要が生じてきた。デザイン思考が要請された二〇〇〇年代中頃の状況である。どういうことか？　まずは、これまでのようにモノ自体に価値があるという前提が崩れたことである。九〇年代には情報技術が格段に進んだ。特に、パーソナルコンピュータでは、ＣＰＵが次から次へと置き換わっていった。インテルのＣＰＵがｉ３８６からｉ４８６、さらにPentiumとなった。ＭＳ ＤＯＳからWindows 3.1、さらにWindows 95への変化は劇的であった。当時は最新のＣＰＵを積んだパーソナルコンピュータという商品自体に価値を感じることができたのである。しかし、九〇年代後半になると、この技術進歩が目新しいものではなくなってくる。もはやＣＰＵにはこだわらなくてもいいと感じるようになる。スティーブ・ジョブズが復帰したアップルが九八年に画期的なデザインのiMacを発表する。それまではデザインにお金をかけるぐらいならクロック周波数のより高いＣＰＵを選択し、メモリ容量を増やすことが自然な選択であった。しかし、九〇年代末にはデザインがキーワードとなるぐらい状況は変化していた。そして同時並行的に起こっていたのが、インターネットの浸透であった。二〇〇一年のドットコムバブルの崩壊においては、ほとんどのスタートアップは先端技術とは関係のないものばかりであった。先端技術からインターネットというメディウムに焦点が変化していた。

そして二〇〇〇年を越えると、モノ自体に価値はないという議論が盛んになる。この時期は、企業がモノを売ることから、サービスで利益を上げることが戦略として議論されていた。例えば、ＩＢＭはメインフレーム事業の縮小によって苦境に立たされ、サービス化を進め、二〇〇二年のPricewaterhouseCoopersのコンサルティング部門の買収、二〇〇五年のＰＣ事業のLenovoへの売却などを行った。そして、ＩＢＭアルマーデン研究所が実用化したハードディスク事業を二〇〇二年に日立製作所に売却し、二〇〇四年には残された研究者がサービスサイエンスを発表する（Spohrer and Maglio 2010）。この年は、サービス元年とも呼べるもので、マーケティング領域ではサービス・ドミナント・ロジックというモノ（グッズ）中心の考え方から、サービス中心の考え方への転換が議論を呼び、その後のマーケティングのパラダイムとなった（Vargo and Lusch 2004）。また、二〇〇四年にはヨーロッパでサービスデザインネットワークが設立され、デザイン業界でもモノのデザインからサービスのデザインへのシフトが注目を集めるようになった。

つまり、九〇年代末からのデザインへの注目は、モノ自体に価値が感じられなくなったことに関連している。従来経営者は技術を深め、機能を充実させることで、モノ自体の価値を高めることを目指してきた。しかしデザイン思考は、体験のデザインを掲げる。デザインとはモノを美しく作ることではなく、モノに価値がなくなったときに、価値の源泉としての体験を捉えようということである。そして、体験のデザインのためには、従来のモノの開発で重要であった論理的な思考ではなく、共感に基づく人間中心の思考法が重要となったと言える。デザイン思考は、経営者に発想の転換を迫り、大きな成果を生み出した。

しかし、なぜモノ自体が重要ではなくなったときに、デザインという本来物質的で身体的なモノを中心とした美学（Gagliardi 2006; Strati 1992）が同時に議論されるのだろうか。また、物質的なモノを重視しないことは、二〇〇〇年以降、社会科学は物質的転回（Leonardi et al. 2012; Orlikowski and Scott 2008）により、よりモノが重要であると考えるようになったこととは矛盾するように見える。これらの動きはすべて、重要ではなくなったモノ自体への回帰であるというよりも、むしろモノがモノとして成立するためのアプリオリな条件、前論理的な感性的条件を問う動きと捉えるべきである。物質的転回は、素朴実在論に戻ることではなく、実在が実在として成立するための条件を問うものである。一般的にモノのデザインから体験のデザインへの広がりと呼ばれるものは、デザインの範囲が一つのモノから体験全体に広がったというが重要なのではなく、デザインがモノのアプリオリな感性的条件に関わることを意味している。重要なのは、体験自体をデザインすることではなく、モノが別様に現れうる感性的条件に踏み込むことなのである。この点は以降、ランシエールの理論に関連して議論する。

五　アート思考

デザイン思考が要請された背景には、さらに大きな変化があった。それは、モノ自体に価値がなくなったとき、資本主義が一つの限界に直面していたということである。資本主義による美学化のより正確な意味は、単に商品に芸術的な感性的魅力を付与するということではなく、芸術という資本主義を批判する動きが資本主義にとって必要となっていたということである。消費者は九〇年代末からすでに企業がマーケティングをした商品に懐疑的になっていた（Holt 2002）。これは八〇年代に浸透した新自由主義による企業の利益追求への批判であるが、同時に市場に流通したモノに真正性（authenticity）を感じることができなくなったことを示唆している。つまり、市場に流通した瞬間に価値を失うというサイクルに入ったことを意味しており、価値の源泉は資本主義の外部に求められざるを得なくなる（Boltanski and Chiapello 1999）。

資本主義の外部の一つは、資本主義から自律し批判してきた芸術である。つまり、資本主義の道具的合理性の原理を裏切る従来の芸術の身振りが、資本主義での価値になる状況となったと言える。この時期にデザイン思考が要請された理由は、資本主義と対立する美学（aesthetics）であったと考えるべきである。他にも、工芸やクラフトに注目が集まるが、これらは機械的な大量生産への批判である。工芸において手作りで何重にも漆を塗る作業は、経済合理的であるようには見えないがゆえに、それ自体に真正性が感じられる。クラフトビールも味の均質な大量生産品ではなく、手作りにこだわっていることに価値があると言える。資本主義の純粋な原理と矛盾するＥＳＧ投資、社会的起業家、パーパス経営に、より大きな価値が認められるようになった。資本主義を批判することが、資本主義での価値になったのである。

デザイン思考が要請された理由が、資本主義の批判としての美学であったなら、美学を排除したのもデザイン思考である。美学は、従来は芸術大学でトレーニングを受け、特別なセンスを持ったデザイナーが生み出せるものであるという意味で、エリート主義的な要素であった。デザイン思考が、誰でも実践できるという民主的な理想を掲げるとき、そのようなエリート主義的な要素は排除せざるを得なかったのである。つまり、美しい絵を描けなくても、誰でもデザインできるというデザイン思考の決まり文句は、美しさと同義の美学を排除することを意味したのである（Bishop 2012）。さらに、デザインの言説への転回、意味論的転回を主導したクラウス・クリッペンドルフ（Klaus Krippendorff）は、美学に批判的であったが、美学は物質的なものの表面的な見え方に関わるものであり、政治を排除していると捉えられていたからである（Krippendorff 2006）。

しかし、そもそもデザイン思考が求められた背景にあったのは、物質的なモノの見え方に関わる美学ではなく、資本主義の批判としての美学である。美学を排除したことは、デザイン思考が批判を語ることを難しくし、限界に直面するきっかけとなった。デザイン思考が問題解決を目的としていることが批判されるのは、その現われである（Verganti 2017）。現在の枠組みの中で問題を解決することが求められているのではなく、そもそも枠組み自体を批判することが求められていた。そこで、近年アート思考に注目が集まっている。一般的にはアート自体が理解し難く捉え所がないため、アート作品に刺激を受けて創造性を高めるとか、経営者はアートを理解して教養を高めるべきだというような議論も多い。しかしながら、アート思考が求められているのは美学が求められているからだということを理解しなければならない。

美学という学問領域では、美学概念は美しいこととは距離を取って議論されてきた。そもそも現代アートはすでに美しいことを生み出すことを目的とはしていない。言うなれば、デザイン思考は、時代遅れの概念理解に基づいて、その概念を排除してきたということである。特に、九〇年代以降、ジャック・ランシエール（Jacques Rancière）が、美学概念を更新してきた。この新しい美学概念は、社会の批判そして政治と不可分となっている（Beyes 2008）。次にこの点について見ていきたい。

六　新しい創造性

ランシエールは、カントの美的判断、そしてそれに刺激を受けたシラーの美的状態の概念に立ち戻ることによって、美学の意味を捉え直した（Rancière 1995）。ランシエールは政治を、人々が権利を主張し、交渉することではなく、それ以前のアプリオリな形式とも言うべき水準に同定する。つまり、そもそも何を見ることができ、語り得て、誰が見て、語ることができるのかという感性（aesthetics）の水準である（Gagliardi 2006）。声を発することすらできない存在がありうるということである。社会においては、政治的な闘争以前に、この感性の水準で分割され、共有されるものが決定的に重要となる。

ランシエールは、ここに美的実践の政治性を求める。既存の「感性的なものの分割＝共有」を混乱させるものこそが政治と言われる。美的実践は、この感性的なものの分割＝共有をゆさぶる力を持っている。なぜか？　カントの考え方では、美的判断とは論理的な認識の概念からも、理性の道徳的理念からも「自由な働き」を意味していた。そして、シラーはこれをさらに推し進め、感性的・物質的な素材衝動からも、理性的・理念的な形式衝動からも自由な、遊戯衝動を美学の基本とした（de Monthoux 2004）。つまり次のようなシラーの有名な主張である。「人間は美といっしょにただ遊んでいればよい、ただ美とだけ遊んでいればよい――と」（Schiller 1795, p. 99）。ランシエールはこれを既存の感性的なものの分割＝共有を宙吊りにする動きと捉える（Rancière 1995）。

ここで、芸術による美学も、政治と結びつく。シラーは芸術による美的状態、遊戯衝動が活性化している状態を、道徳への移行に不可欠なものと捉えた。ランシエールにとって、仮に、声を与えられなかったものに声を与えるように分割＝共有が再定義されたとしても、それが一つの秩序となるのであれば、ポリス（police）と呼ばれ政治（politique）ではない（Rancière 1995）。民主主義は、平等な分割＝共有を意味するのではなく、分割＝共有の解体を意味するのである。ランシエールにとって合意（consensus）に基づく枠組みは、平等ではなく、民主主義を実現できない。合意により生み出される政治的仕組みにおいては、語ること、見ることができないものに関する合意が存在する。一方で、政治とは、この分割＝共有に切断を入れることを指し、基本的には意見の不一致（dissensus）がなければならない。

ランシエールによる例を取り上げよう（Rancière 1995）。一八三二年、革命家オーギュスト・ブランキに対する裁判の中で、裁判長に職業（profession）を問われ、ブランキは「プロレタリアート」だと答えた。「それは職業ではない」と裁判長が反論すると、ブランキは「それは、労働で生計を立て、政治的権利を奪われている三千万人のフランス人の態度表明（profession）である」と答えた。「ポリスの論理を体現している検事にとっては、職業は仕事を意味する」が、「ブランキは、革命的政治によって、この同じ語に別の意味を与える。即ち、態度表明というのは告白であり、ある集団への帰属の宣言である」（p. 73）。しかしプロレタリアートは社会集団としては存在しない。「プロレタリアートとは、手工業労働者でも、工場労働者でもない。それは、宣言そのものの中にしか実在しない計算されないものの階級であり、この宣言によって彼らは計算されないものとして計算されるようになるのである」(pp. 73-74)。

以上のように、美しいものと手を切った美学概念は、エリート主義ではなく、むしろその逆の解放の政治の可能性なのである。そして、現在、この美学が求められているのではないか。デザイン思考はこれを排除したが、その本当の理由が明らかになる。つまり、デザイン思考は合意に基づき、ポリスを打ち立てる試みなのである。デザイン思考が人間中心設計を掲げ、利用者の潜在ニーズを満たすことを目指す枠組みは、正しく見える。しかしながら、本当に求められているのは、むしろそのような枠組みを切断する美学であると考えることはできないだろうか。ニーズを満たして閉じてしまうのではなく、むしろ開くことが重要なのではないか。アート思考が注目を集めるが、ビジネスがアートを創造性の源泉として飼いならそうとするのなら、そもそも求めている美学を取り逃すことになる。今は資本主義の論理が批判され、パーパスを設定することや、持続可能性の実現やESG投資を行う必要があるが、目的と行為を直結させるならば、本来求められている美学・エステティックと矛盾するだろう。むしろ、パーパスを宙吊りにすること自体がパーパスではないだろうか。

この自己否定とも捉えられる複雑な関係を十分に理解し実践できる経営者は少ない。しかし経営学が道具的合理性に基づき、終始論理的に経営行動を語ってきた前提が問われているのである。アート思考が経営者の間で注目を集めていることは、経営者がこの変化に気付いている可能性を示唆している。しかしアート思考の歴史的意味はほとんど語られていない。本章はこの感性的前提を宙吊りにしようとするものである。

（山内　裕）

参考文献

（原著を参照した邦訳文献は原則として「外国語文献」中の各文献の末尾に掲載している。）

外国語文献

Acoff, Russell and Vergara, Elsa (1988), "Creativity in Problem Solving and Planning," in Kuhn, Robert L. (eds.), *Handbook for Creative and Innovative managers*, McGraw-Hill Book Company.

Amabile, T. M. (1988), "A Model of Creativity and Innovation in Organizations," in Cummings, B. S. (ed.), *Research in Organizational Behavior*, Vol. 10, pp. 123-167.

Amabile, T. M. and Pratt, M. G. (2016), "The Dynamic Componential Model of Creativity and Innovation in Organizations: Making Progress, Making Meaning," *Research in Organizational Behavior*, Vol. 36, pp. 157-183.

Anderson, N., Potocnik, K. and Zhou, J. (2014), "Innovation and Creativity in Organizations: A State-of-the-Science Review, Prospective Commentary, and Guiding Framework," *Journal of Management*, Vol. 40 , No. 5, pp. 1297-1333.

Ansoff, H. I. (1965), *Corporate Strategy*, McGraw-Hill, Inc.（広田寿亮訳『企業戦略論』産業能率短期大学出版部、一九六九年。）

Argyris, C. (1957), *Personality and Organization: The Conflict Between System and the Individual*, Harper & Row.（伊吹山太郎・中村実訳『新訳　組織とパーソナリティー―システムと個人との葛藤―』社団法人日本能率協会、一九七〇年。）

Argyris, C. (1964), *Integrating the Individual and the Organization*, John Wiley & Sons.（三隅二不二・黒川正流訳『新しい管理社会の探求：組織における人間疎外の克服』産業能率短期大学出版部、一九六九年。）

Argyris, C. (1970), *Intervention Theory and Method: A Behavioral Science View*, Addison Wesley.

Argyris, C. (2003), "A Life Full of Learning," *Organization Studies*, Vol. 24, No. 7, pp. 1178-1192.

Argyris, C. (2005), “On the Demise of Organization Development,” in Bradford and Burke (eds.) (2005), pp. 113–129.

Argyris, C., Putnam, R. and Smith, D. M. (1985), *Action Science: Concepts, Methods, and Skills for Research and Intervention*, Jossey–Bass.

Argyris, C. and Schön, D. (1974), *Theory in Practice: Increasing Professional Effectiveness*, Jossey–Bass.

Argyris, C. and Schön, D. (1978), *Organizational Learning: A Theory of Action Perspective*, Addison–Wesley.

Argyris, C. and Schön, D. (1996), *Organizational Learning II: Theory, Method, and Practice*, Addison–Wesley.

Augsdorfer, P. (2005), “Bootlegging and Path Dependency,” *Research Policy*, Vol. 34, No. 1, pp. 1–11.

Barnard, C. I. (1938), *The Functions of the Executive*, Harvard University Press.（山本安次郎・田杉競・飯野春樹訳『新訳　経営者の役割』ダイヤモンド社、一九六八年。）

Barrett, F. J. and Cooperrider, D. L. (1990), “Generative Metaphor Intervention: A New Approach for Working with Systems Divided by Conflict and Caught in Defensive Perception,” *The Journal of Applied Behavioral Science*, Vol. 26, No. 2, pp. 219–239.

Baumgarten, A. G. (1750), *Aesthetica*, Frankfurt an der Oder.（松尾大訳『美学』講談社、二〇一六年。）

Beckert, J. (1999), “Agency, Entrepreneurs, and Institutional Change: The Role of Strategic Choice and Institutionalized Practices in Organizations,” *Organization Studies*, Vol. 20, No. 5, pp. 777–799.

Beckhard, R. (1960), *Organization Development: Strategies and Models*, Addison Wesley.

Benjamin, W. (1982), *Das Passagen–Werk*, Suhrkamp Verlag.（今村仁司・三島憲一訳『パサージュ論　第１巻』岩波書店、二〇〇三年。）

Bennis, W. (1969), *Changing Organizations*, McGraw–Hill.

Bennis, W., Benne, K. and Chin, R. (eds.) (1969), *The Planning of Change*, Holt, Reinehart and Winston.

Beyes, T. (2008), “Reframing the Possible: Rancièrian Aesthetics and the Study of Organization,” *Aesthesis: International Journal of Art and Aesthetics in Management and Organizational Life*, Vol. 2, No. 1, pp. 32–42.

Bishop, C. (2012), *Artificial Hells: Participatory Art and the Politics of Spectatorship*, Verso.（大森俊克訳『人工地獄　現代アートと観客の政治学』フィルムアート社、二〇一六年。）

Bledow, R., Frese, M., Anderson, N., Erez, M. and Farr, J. (2009a), “A Dialectic Perspective on Innovation: Conflicting

Demands, Multiple Pathways, and Ambidexterity," *Industrial and Organizational Psychology: Perspectives on Science and Practice*, Vol. 2, pp. 305–337.

Bledow, R., Frese, M., Anderson, N., Erez, M. and Farr, J. (2009b), "Extending and Refining the Dialectic Perspective on Innovation: There is Nothing As Practical As a Good Theory: Nothing As Theoretical As a Good Practice," *Industrial and Organizational Psychology: Perspectives on Science and Practice*, Vol. 2, pp. 363–373.

Böhme, G. (2016), *Ästhetischer Kapitalismus*, Suhrkamp. (Jephcott, Edmund, *A Critique for Aesthetic Capitalism*, Mimesis International, 2016.)

Boltanski, L. and Chiapello, E. (1999), *Le nouvel esprit du capitalisme*, Editions Gallimard.（三浦直希・海老塚明・川野英二・白鳥義彦・須田文明・立見淳哉訳『資本主義の新たな精神（上・下）』ナカニシヤ出版、二〇一三年。）

Bourdieu, P. (1982), *Les règles de l'art*, Editions du Seuil.（石井洋二郎訳『芸術の規則 Ⅰ』藤原書店、一九九五年。）

Bradford, D. L. and Burke, W. W. (eds.) (2005), *Reinventing Organization Development: New Approaches to Change in Organizations: Addressing the Crisis, Achieving the Potential*, Pfeiffer.

Brown, T. (2009), *Change by Design*, Harper Collins.（千葉敏生訳『デザイン思考が世界を変える』早川書房、二〇一〇年。）

Burgelman, R. A. (2020), *Strategy is Destiny: How Strategy-Making Shapes a Company's Future*, Free Press.（石橋善一郎・宇田理監訳『インテルの戦略』ダイヤモンド社、二〇〇六年。）

Burke, W. W. and Bradford, D. L. (2005), "The Crisis in OD," in Bradford and Burke (eds.) (2005), pp. 7–14.

Burns, T. and Stalker, G. M. (1961=1994), *The Management of Innovation*, London, UK: Tavistock Publications.

Bushe, G. R. and Marshak, R. J. (eds.) (2015a), *Dialogic Organization Development: The Theory and Practice of Transformational Change*, Berrett-Koehler Publishers.（中村和彦訳『対話型組織開発：その理論的系譜と実践』英治出版、二〇一八年。）

Bushe, G. R. and Marshak, R. J. (2015b), "Introduction to the Dialogic Organization Development Mindset," in Bushe and Marshak (eds.) (2015), pp. 11–32.

Callon, M. (1986), "Some Elements of a Sociology of Translation: Domestication of the Scallops and the Fisherman of Saint Brieuc Bay," in Law, J. (ed.) Power, *Action and Belief: A New Sociology of Knowledge?*, Routledge and Kegan Paul, pp. 196–233.

Chandler, A. D., Jr. (1962), *Strategy and Structure, Chapters in the History of the Industrial Enterprise*, M.I.T. Press.（有賀裕子訳『組織は戦略に従う』ダイヤモンド社、二〇〇四年。）

Christensen, C. M. (1997), *The Innovator's Dilemma*, Boston, MA: Harvard Business School Press.（玉田俊平太訳『イノベーションのジレンマ』翔泳社、二〇〇〇年／伊豆原弓訳『イノベーションのジレンマ―技術革新が巨大企業を滅ぼすとき―』翔泳社、二〇〇一年。）

Christensen, C. M. and Bower, J. L. (1996), "Customer Power, Strategic Investment, and the Failure of Leading Firms," *Strategic Management Journal*, Vol. 17, No. 3, pp. 197–218.

Cole, A. H. (1959), *Business Enterprise in its Social Setting*, Massachusetts: Harvard University Press.（中川敬一郎訳『経営と社会―企業者史学序説―』ダイヤモンド社、一九六五年。）

Cross, N. (2006), *Designerly Ways of Knowing*, Birkhauser.

Cyert, R. M. and March, J. G. (1963), *A Behavioral Theory of the Firm*, Prentice-Hall.（松田武彦監訳／井上恒夫訳『企業の行動理論』ダイヤモンド社、一九六七年。）

Cyert, R. M. and March, J. G. (1992), *A Behavioral Theory of the Firm*, 2nd ed., Blackwell Publishers.

Davis, S. M. and Lawrence, P. R. (1977), *Matrix*, Reading, MA: Addison-Wesley.（津田達男・梅津祐良訳『マトリックス経営』ダイヤモンド社、一九八〇年。）

de Monthoux, P. G. (2004), *The Art Firm*, Stanford University Press.

Dean, J. (1951), *Managerial Economics*, New York: Prentice-Hall Inc.（田村市郎監訳『経営者のための経済学（第一～四分冊）』関書院、一九五九年。）

Dewey, J. (1922), *Human Nature and Conduct: An Introduction to Social Psychology*, Modern Library.

DiMaggio, P. J. (1988), "Interest and Agency in Institutional Theory," in Zucker, L. G. (ed.), *Institutional Patterns and Organizations: Culture and Environment*, Ballinger Publishing Company, pp. 3–21.

DiMaggio, P. J. and Powell, W. W. (1983), "The Iron Cage Revisited: Institutional Isomorphism and Collective Rationality in Organizational Fields," *American Sociological Review*, Vol. 48, No. 2, pp. 147–160.

Drucker, P. F. (1942), *The Future of Industrial Man*, The John Day Company.（上田惇生訳『産業人の未来』ダイヤモンド社、二〇〇八年。）

Drucker, P. F. (1950), *The New Society: The Anatomy of the Industrial Order*, Harper & Row.（現代経営研究会訳『新しい社会と新しい経営』ダイヤモンド社、一九五七年。）

Drucker, P. F. (1954), *The Practice of Management*, Harper & Row.（上田惇生訳『[新訳] 現代の経営（上・下）』ダイヤモンド社、一九九六年。）

Drucker, P. F. (1968), *The Age of Discontinuity*, Harper & Row.（上田惇生訳『断絶の時代―いま起こっていることの本質―』ダイヤモンド社、一九九九年。）

Drucker, P. F. (1985), *Innovation and Entrepreneurship: Practice and Principles*, Harper & Row.（上田惇生訳『イノベーションと企業家精神』ダイヤモンド社、二〇〇七年。）

Duncan, R. B. (1976), "The Ambidextrous Organization: Designing Dual Structures for Innovation," in Kilmann, R. H., Pondy, L. R. and Slevin, D. (eds.), *The Management of Organization Design: Strategies and Implementation*, New York: North Holland, pp. 167-88.

Dutton, J. E. and Ashford, S. J. (1993), "Selling Issues to Top Management," *Academy of Management Review*, Vol. 18, No. 3, pp. 397-428.

Feldman, M. S. and Pentland, B. T. (2003), "Reconceptualizing Organizational Routines as a Source of Flexibility and Change," *Administrative Science Quarterly*, Vol. 48, No. 1, pp. 94-118.

Feldman, M. S., Pentland, B. T., D'Adderio, L., Dittrich, K., Rerup, C. and Seidl, D. (eds.) (2021), *Cambridge Handbook of Routine Dynamics*, Cambridge University Press.

Fligstein, N. (1996), "Markets as Politics: A Political-Cultural Approach to Market Institutions," *American Sociological Review*, Vol. 61, No. 4, pp. 656-673.

Fligstein, N. (1997), "Social Skill and Institutional Theory," *American Behavioral Scientist*, Vol. 40, No. 4, pp. 397-405.

Fligstein, N. (2001), "Social Skill and the Theory of Fields," *Sociological Theory*, Vol. 19, No. 2, pp. 105-125.

Fligstein, N. (2018), *The Architecture of Markets*, Princeton University Press.

Follett, M. P. (1924), *Creative Experience*, Longmans, Green and Co.（三戸公監訳／齋藤貞之・西村香織・山下剛訳『創造的経験』文眞堂、二〇一七年。）

Ford, C. M. (1996), "A Theory of Individual Creative Action in Multiple Social Domains," *Academy of Management Review*,

Vol. 21, pp. 1112–1142.

Foucault, M. (1969), *L'archéologie du savoir*, Éditions Gallimard.（慎改康之訳『知の考古学』河出書房新社、二〇一二年。）

Friedland, R. (2012), "Book Review: P. H. Thornton, W. Ocasio and M. Lounsbury (2012) The Institutional Logics Perspective: A New Approach to Culture, Structure, and Process," *Management*, Vol. 15, No. 5, pp. 583–595.

Friedland, R. (2014), "Divine Institution: Max Weber's Value Spheres and Institutional Theory," *Religion and Organization Theory*, Vol. 41, pp. 217–258.

Friedland, R. and Alford, R. (1991), "Bringing Society Back in: Symbols, Practices, and Institutional Contradictions," in Powell, W. W. and DiMaggio, P. J. (eds.), *The New Institutionalism in Organizational Analysis*, The University of Chicago Press, pp. 232–263.

Gagliardi, P. (2006), "Exploring the Aesthetic Side of Organizational Life," in Clegg, S. R., Hardy, C., Lawrence, T. B. and Nord, W. R. (eds.), *The Sage Handbook of Organizations Studies*, SAGE Publications Ltd., pp. 701–724

Galbraith, J. (1977), *Organization Design*, Addison-Wesley.

Gardner, H. (1985), *The Mind's New Science: A History of the Cognitive Revolution*, New York: Basic Book Inc.（佐伯胖・海保博之監訳『認知革命—知の科学の誕生と展開—』産業図書、一九八七年。）

Gavetti, G., Levinthal, D. and Ocasio, W. (2007), "Neo-Carnegie: The Carnegie School's Past, Present, and Reconstructing for the Future," *Organization Science*, Vol. 18, No. 3, pp. 523–536.

Gergen, K. J. (2009), *Relational Being: Beyond Self and Community*, Oxford University Press.（鮫島輝美・東村知子訳『関係から始まる』ナカニシヤ出版、二〇二〇年。）

Gibson, C. B. and Birkinshaw, J. (2004), "The Antecedents, Consequences, and Mediating Role of Organizational Ambidexterity," *Academy of Management Journal*, Vol. 47, pp. 209–226.

Glăveanu, V. and Kaufman, J. C. (2019), "Creativity: A Historical Perspective," in Kaufman, J. C. and Sternberg, R. J. (eds.), *The Cambridge Handbook of Creativity*, Cambridge, UK: Cambridge University Press, pp. 9–26.

Golsorkhi, D., Roulean, L., Seidl, D. and Vaara, E. (2010), *Cambridge Handbook of Strategy as Practice*, Cambridge University Press.

Greenwood, R. and Suddaby, R. (2006), "Institutional Entrepreneurship in Mature Fields: The Big Five Accounting Firms,"

Academy of Management Journal, Vol. 49, No. 1, pp. 27–48.

Greenwood, R., Oliver, C., Sahlin, K., Suddaby, R. and Oliver, C. (eds.) (2012), *Institutional Theory in Organization Studies*, Sage Publications.

Hamel, G. and Breen, B. (2007), *The Future of Management*, Harvard Business School Press.（藤井清美訳『経営の未来―マネジメントをイノベーションせよ―』日本経済新聞出版社、二〇〇八年。）

Hamel, G. and Prahalad, C. K. (1990), "Competing for the Future," *Harvard Business Review*, Vol. 72, No. 4, pp. 122–128.

Hannan, M. T. and Freeman, J. (1984), "Structural Inertia and Organizational Change," *American Sociological Review*, Vol. 49, No. 2, pp. 149–164.

Hirsch, P. M. and Lounsbury, M. (1991), "Ending the Family Quarrel: Toward a Reconciliation of "Old" and "New" Institutionalism," *American Sociological Review*, Vol. 40, No. 4, pp. 406–418.

Hodgson, G. M. (2003), "The Mystery of the Routine: The Darwinian Destiny of an Evolutionary Theory of Economic Change," *Revue économique*, Vol. 54, pp. 355–384.

Holt, D. B. (2002), "Why Do Brands Cause Trouble? A Dialectical Theory of Consumer Culture and Branding," *Journal of Consumer Research*, Vol. 29, No. 1, pp. 70–90.

Hwang, H. and Powell, W. W. (2009), "The Rationalization of Charity: The Influences of Professionalism in the Nonprofit Sector," *Administrative Science Quarterly*, Vol. 54, No. 2, pp. 268–298.

Kant, I. (1781, 1787), *Kritik der reinen Vernunft*.（篠田秀雄訳『純粋理性批判』岩波文庫（全三巻）、岩波書店、一九七八年。）

Kant, I. (1790), *Kritik der urteilskraft*.（篠田英雄訳『判断力批判　上』岩波書店、一九六四年。）

Kaufman, James C. and Sternberg, Robert J. (eds.), (2019), *The Cambridge Handbook of Creativity*, 2nd ed., Cambridge, UK: Cambridge University Press.

Khan, F. R., Munir, K. A. and Willmott, H. (2007), "Dark Side of Institutional Entrepreneurship: Soccer Balls, Child Labor and Postcolonial Impoverishment," *Organization Studies*, Vol. 28, No. 7, pp. 1055–1077.

Krippendorff, K. (2006), *The Semantic Turn: A New Foundation for Design*, CRC/Taylor & Francis.（小林昭世・西澤弘行・川間哲夫・氏家良樹・國澤好衛・小口裕史・蓮池公威訳『意味論的転回―デザインの新しい基礎理論―』エスアイビーアクセス、二〇〇九年。）

Lakoff, G. and Johnson, M. (1980), *Metaphors We Live By*, The University of Chicago Press.（渡部昇一・楠瀬淳三・下谷和幸訳『レトリックと人生』大修館書店、一九八六年。）

Lave, J. and Wenger, E. (1991), *Situated Learning: Legitimate Peripheral Participation*, Cambridge University Press.（佐伯胖訳『状況に埋め込まれた学習』産業図書、一九九三年。）

Lawrence, P. R. and Lorsch, J. W. (1967), *Organization and Environment: Managing Differentiation and Integration*, Harvard Business School Press.（吉田博訳『組織の条件適応理論―コンティンジェンシー・セオリー―』産業能率短期大学出版部、一九七七年。）

Lawson, B. (2005), *How Designers Think: The Design Process Demystified (Fourth)*, Architectural Press.

Leblebici, H., Salancik, G. R., Copay, A. and King, T. (1991), "Institutional Change and the Transformation of Interorganizational Fields: An Organizational History of the U.S. Radio Broadcasting Industry," *Administrative Science Quarterly*, Vol. 36, No. 3, pp. 333-363.

Leonardi, P. M., Nardi, B. A. and Kallinikos, J. (2012), *Materiality and Organizing*, Oxford University Press.

Levinthal, D. A. and March, J. G. (1993), "The Myopia of Learning," *Strategic Management Journal*, Vol. 14, No. 2, pp. 95-112.

Likert, R. (1961), *New Patterns of Management*, McGraw-Hill.（三隅二不二訳『経営の行動科学―新しいマネジメントの探究―』ダイヤモンド社、一九六四年。）

Likert, R. (1967), *The Human Organization: Its Management and Value*, McGraw-Hill.（三隅二不二訳『組織の行動科学：ヒューマン・オーガニゼーションの管理と価値』ダイヤモンド社、一九六八年。）

Luhmann, N. (1997), *Die Gesellschaft der Gesellschaft*, Suhrkamp.（馬場靖雄他訳『社会の社会（1・2）』法政大学出版会、二〇一七年。）

Maguire, S., Hardy, C. and Lawrence, T. B. (2004), "Institutional Entrepreneurship in Emergence Fields: HIV/AIDS Treatment Advocacy in Canada," *Academy of Management Journal*, Vol. 47, No. 3, pp. 657-679.

Mainemelis, C. (2010), "Stealing Fire: Creative Deviance in the Evolution of New Ideas," *Academy of Management Review*, Vol. 35, No. 4, pp. 558-578.

March, J. G. (1979), "The Technology of Foolishness," in March, J. G., Olsen, J. P. and Christensen, S., *Ambiguity and Choice in Organizations*, Universitetsforlaget.（遠田雄志、アリソン・ユング訳『組織におけるあいまいさと決定』有斐閣、

一九八六年。）

March, J. G. (1991), "Exploration and Exploitation in Organizational Learning," *Organization Science*, Vol. 2, No. 1, pp. 71–87.

March, J. G. (2010), *The Ambiguity of Experience*, Cornell University Press.

March, J. G. and Olsen, J. P. (1989), *Rediscovering Institutions: The Organizational Basis of Politics*, Free Press.（遠藤雄志訳『やわらかな制度―あいまい理論からの提言―』日刊工業新聞社、一九九四年。）

March, J. G. and Simon, H. A. (1958, 1993 2nd ed.), *Organizations*, Wiley.（土屋守章訳『オーガニゼーションズ』ダイヤモンド社、一九七七年／高橋伸夫訳『オーガニゼーションズ　第2版』ダイヤモンド社、二〇一四年。）

Margulies, N. and Raia, A. (1988), "The Significance of Core Values on the Theory and Practice of Organizational Development," *Journal of Organizational Change Management*, Vol. 1, No. 1, pp. 6–17.

Matsushima, N., Yatera, A., Urano, M., Yoshino, N., Hazui, S., Nakahara, S., Kijima, K., Kuwada, K. and Takayama, T. (2022), *Materiality in Management Studies: Development of the Theoretical Frontier*, Springer.

Maturana, H. R. and Valela, F. J. (1980), *Autopoiesis and Cognition*, D. Reidel Publishing.（河本英夫訳『オートポイエーシス：生命システムとはなにか』国文社、一九九一年。）

Mayo, E. G. (1924), "The Basis of Industrial Psychology: The Psychology of the Total Situation is Basic to a Psychology of Management," *Bulletin of The Taylor Society*, Vol. IX, No. 6, pp. 249–259.

Mayo, E. G. (1933), *The Human Problems of An Industrial Civilization*, Macmillan Company.（村本栄一訳『産業文明における人間問題』日本能率協会、一九五一年。）

Metcalf, H. C. and Urwick, L. (1941), *Dynamic Administration: The Collected Papers of Mary Parker Follett*, Harper & Row.（米田清貴・三戸公訳『組織行動の原理―動態的管理―』未来社、一九七二年。）

Meyer, J. W. and Rowan, B. (1977), "Institutionalized Organizations: Formal Structure as Myth and Ceremony," *American Journal of Sociology*, Vol. 83, No. 2, pp. 340–363.

Miller, George A., Galanter, E. and Pribram, Karl H. (1960), *Plans and the Structure of Behavior*, New York: Holt, renehart and Winston.（十島擁藏・佐久間章・黒田輝彦・江頭幸晴訳『プランと行動の構造―心理サイバネティックス序説』誠信書房、一九八〇年。）

Mintzberg, H. (1981), "Organization Design: Fashion or Fit?," *Harvard Business Review*, Vol. 59, No. 1 (January–February), pp. 103–116.

Morgan, G. (1986), *Images of Organization*, Sage.

Nelson, R. R. and Winter, S. G. (1982), *An Evolutionary Theory of Economic Change*, Harvard University Press.（後藤晃・角南篤・田中辰雄訳『経済変動の進化理論』慶應義塾大学出版会、二〇〇七年。）

Noda, T. and Bower, J. L. (1996), "Strategy Making as Iterated Processes of Resource Allocation," *Strategic Management Journal*, Vol. 17, No. S1, pp. 159–192.

Nonaka, I. and Takeuchi, H. (1995), *The Knowledge-Creating Company: How Japanese Companies Create the Dynamics of Innovation*, Oxford University Press.（梅本勝博訳『知識創造企業』東洋経済新報社、一九九六年。）

O'Reilly, C. A. and Tushman, M. L. (2016), *Lead and Disrupt: How to Solve the Innovator's Dilemma*, Stanford University Press.（入山章栄監訳・解説／冨山和彦解説／渡部典子訳『両利きの経営―「二兎を追う」戦略が未来を切り拓く―』東洋経済新報社、二〇一九年。）

Orlikowski, W. and Scott, S. V. (2008), "Sociomateriality: Challenging the Separation of Technology, Work and Organization," *The Academy of Management Annals*, Vol. 2, No. 1, pp. 433–474.

Penrose, E. (1959), *The Theory of the Growth of the Firm*, Oxford University Press.（日高千景訳『企業成長の理論』ダイヤモンド社、二〇一〇年、翻訳は3rd ed., 1995版。）

Pentland, B. T. and Feldman, M. S. (2005), "Organizational Routines as a Unit of Analysis," *Industrial and Corporate Change*, Vol. 14, No. 5, pp. 793–815.

Perrow, C. (1972), *Complex Organizations: A Critical Essay*, Scott, Foreman and Company.（佐藤慶幸訳『現代組織論批判』早稲田大学出版部、一九七八年。）

Pevsner, N. (1949), *Pioneers of Modern Design: From William Morris to Walter Gropius*, Museum of Modern Art.（白石博三訳『モダン・デザインの展開：モリスからグロピウスまで』みすず書房、一九五七年。）

Pfeffer, J. and Salancik, G, R. (1978), *The External Control of Organization: A Resource Dependency Perspective*, Harper & Row.

Plowman, D. A., Baker, L. T., Beck, T. E., Kulkarni, M., Solansky, S. T. and Travis, D. V. (2007), "Radical Change Accidentally: The Emergence and Amplification of Small Change," *Academy of Management Journal*, Vol. 50, No. 3, pp.

515–543.

Powell, W. W. and DiMaggio, P. J. (eds.) (1991), *The New Institutionalism in Organizational Analysis*, The University of Chicago Press.

Pugh, D. S., Hickson, D. J., Hinings, C. R. and Turner, C. (1968), "Dimensions of Organization Structure," *Administrative Science Quarterly*, Vol. 13, No. 1, pp. 65–105.

Rancière, J. (1995), *La mésentente: Politique et philosophie*, Galilée.（松葉祥一・大森秀臣・藤江成夫訳『不和あるいは了解なき了解―政治の哲学は可能か―』インスクリプト、二〇〇五年。）

Reckwitz, A. (2012), *Die Erfindung der Kreativität*, Suhrkamp Verlag. (Steven Black, *The invention of creativity*, Polity, 2017.)

Roethlisberger, F. J. (1941), *Management and Morale*, Harvard University Press.（野田一夫・川村欣也訳『経営と勤労意欲』ダイヤモンド社、一九五四年。）

Rowe, P. G. (1991), *Design Thinking*, The MIT Press.

Ruskin, J. (1851), *The Stones of Venice*, Smith, Elder & Co.（井上義夫訳『ヴェネツィアの石』みすず書房、二〇一九年。）

Sarasvathy, S. D. (2008), *Effectuation: Elements of Entrepreneurial Expertise*, Edward Elgar Publishing.（加護野忠男監訳／高瀬進・吉田満梨訳『エフェクチュエーション―市場創造の実効理論―』碩学舎、二〇一五年。）

Sawyer, R. Keith (eds.) (2012), *Explaining Creativity: The Science of Human Innovation*, 2nd ed., New York: Oxford University Press.

Schatzki, T. R., Cetina, K. K. and von Savigny, E. (2001), *The Practice Turn in Contemporary Theory*, London and New York: Routledge.

Schein, E. H. (1969), *Process Consultation: Its Role in Organization Development*, Addison-Wesley Publications.

Schein, E. H. (1985), *Organizational Culture and Leadership*, Jossey Bass Publishers.（清水紀彦・浜田幸雄訳『組織文化とリーダーシップ―リーダーは文化をどう変革するか―』ダイヤモンド社、一九八九年。）

Schein, E. H. (1999), *Process Consultation Revisited: Building the Helping Relationship*, Addison-Wesley Longman.（稲葉元吉・尾川丈一訳『プロセスコンサルテーション―援助関係を築くこと―』白桃書房、二〇〇二年。）

Schein, E. H. (2008), "Clinical inquiry/research," in Reason, P. and Bradbury, H. (eds.), *The SAGE Handbook of Action Research*, 2nd ed., SAGE Publications Ltd, pp. 266–279.

Schein, E. H. (2010), *Organizational Culture and Leadership*, 4th ed., Jossey Bass Publishers.（梅津祐良・横山哲夫訳『組織文化とリーダーシップ』白桃書房、二〇一二年。）

Schein, E. H. (2015), “Dialogic Organization Development: Past, Present, and Future,” in Bushe and Marshak (eds.) (2015), pp. vii-xiv.

Schiller, F. (1795), *Über die ästhetische Erziehung des Menschen in einer Reihe von Briefen*.（小栗孝則訳『人間の美的教育について』法政大学出版局、二〇一七年。）

Schumpeter, J. A., (1926), *Theorie der Wirtshaftlichen Entwicklung*, 2. Aufl, 1926, *Theory of Economic Development*, Cambridge: Harvard University Press, 1934.（塩野谷祐一・中山伊知郎・東畑精一訳『経済発展の理論（上・下）』岩波文庫、一九七七年。）

Schumpeter, J. A, (1942), *Capitalism, Socialism, and Democracy*.（中山伊知郎・東畑精一訳『資本主義・社会主義・民主主義（上・中・下）』東洋経済新報社、一九六二年。）

Scott, W. R. and Meyer, J. W. (1991), “The Organization of Societal Sectors: Propositions and Early Evidence,” in Powell, W. W. and DiMaggio, P. J. (eds.), *The New Institutionalism in Organizational Analysis*, The University of Chicago Press, pp. 108-140.

Seo, M. G. and Creed, D. W. E. (2002), “Institutional Contradictions, Praxis, and Institutional Change: A Dialectical Perspective,” *Academy of Management Review*, Vol. 27, No. 2, pp. 222-247.

Simon, H. A. (1947, 1997), *Administrative Behavior: A Study of Decision-making Processes in Administrative Organizations*, 4th ed., Free Press.（二村敏子・桑田耕太郎・高尾義明・西脇暢子・高柳美香訳『新版　経営行動—経営組織における意思決定過程の研究—』ダイヤモンド社、二〇〇九年。）

Simon, H. A. (1977), *The New Science of Management Decision*, Prentice-Hall.（稲葉元吉・倉井武夫共訳『意思決定の科学』産業能率大学出版部、一九七九年。）

Simon, H. A. (1996), *The Sciences of the Artificial*, 3rd ed., The MIT Press.（稲葉元吉・吉原英樹訳『システムの科学　第三版』パーソナルメディア、一九九九年。）

Spohrer, J. C. and Maglio, P. P. (2010), “Toward a Science of Service Systems: Value and Symbols,” in Maglio, P. P., Kieliszewski, C. A. and Spohrer, J. C. (eds.), *Handbook of Service Science*, Springer US, pp. 157-194.

Strati, A. (1992), "Aesthetic Understanding of Organizational Life," *The Academy of Management Review*, Vol. 17, No. 3, pp. 568–581.

Takeuchi, H. and Nonaka, I. (1986), "The New New Product Development Game," *Harvard Business Review*, Vol. 64, No. 1, pp. 137–146.

Taylor, C. (1989), *Sources of the Self: The Making of the Modern Identity*, Harvard University Press.（下川潔・桜井徹・田中智彦訳『自我の源泉』名古屋大学出版会、二〇一〇年。）

Taylor, F. W. (2006), *The Principles of Scientific Management*, COSIMO CLASSICS, Cosimo, Inc.（有賀裕子訳『新訳 科学的管理法―マネジメントの原点―』ダイヤモンド社、二〇〇九年。）

Thornton, P. H. and Ocasio, W. (1999), "Institutional Logics and the Historical Contingency of Power in Organizations: Executive Succession in the Higher Education Publishing Industry, 1958–1990," *American Journal of Sociology*, Vol. 105, No. 3, pp. 801–843.

Thornton, P. H. and Ocasio, W. (2008), "Institutional Logics," in Greenwood, R., Oliver, C., Sahlin, K. and Suddaby, R. (eds.), *The Sage Handbook of Organizational Institutionalism*, Sage Publications, pp. 99–127.

Thornton, P. H., Ocasio, W. and Lounsbury, M. (2012), *The Institutional Logics Perspective: A New Approach to Culture, Structure, and Process*, Oxford University Press.

Vadera, A. K., Pratt, M. G. and Mishra, P. (2013), "Constructive Deviance in Organizations: Integrating and Moving Forward," *Journal of Management*, Vol. 39, No. 5, pp. 1221–1276.

Vargo, S. L. and Lusch, R. F. (2004), "Evolving to a New Dominant Logic for Marketing," *Journal of Marketing*, Vol. 68, No. 1, pp. 1–17.

Vaughan, D. (1996), *The Challenger Launch Decision: Risky Technology, Culture, and Deviance at NASA*, University of Chicago Press.

Verganti, R. (2017), *Overcrowded: Designing Meaningful Products in a World Awash with Ideas*, The MIT Press.

Weber, M. (1947), "Die Typen der Herrschaft," *Wirtschaft und Gesellschaft*, 3. Aufl., hrsg. von Marianne Weber, J.C.B. Mohr, S. 603–817.（濱嶋朗訳『権力と支配』講談社、二〇一二年。）

Weber, M. (1956), *Economy and Society: A Study in the Integration of Economic and Social Theory*, translated Talcot Parsons and Neil Smelser, London: Routledge.

Weick, K. E. (1979), *The Social Psychology of Organizing*, 2nd ed., Reading, Mass: Addison-Wesley.（遠田雄志訳『組織化の社会心理学　第2版』文眞堂、一九九七年。）

Weick, K. E. (1995), *Sensemaking in Organizations*, Sage.（遠田雄志・西本直人訳『センスメーキング イン オーガニゼーションズ』文眞堂、二〇〇一年。）

West, M. A. (1990), "The Social Psychology of Innovation in Groups," in West, M. A. and Farr, J. L. (eds.), *Innovation and Creativity at Work: Psychological and Organizational Strategies*, Wiley.

Woodman, R. W., Sawyer, J. E. and Griffin, R. W. (1993), "Toward a Theory of Organizational Creativity," *Academy of Management Review*, Vol. 18, No. 2, pp. 293–321.

Wren, D. A. (1994), *The Evolution of Management Thought*, 4th ed., John Wiley & Sons, Inc.（佐々木恒男監訳『マネジメント思想の進化』文眞堂、二〇〇三年。）

Zhou, J. (2006), "A Model of Paternalistic Organizational Control and Group Creativity," *Research on Managing Groups and Teams*, Vol. 9, pp. 75–95.

Zucker, L. G. (1977), "The Role of Institutionalization in Cultural Persistence," *American Sociological Review*, Vol. 42, No. 5, pp. 726–743.

日本語文献

岩尾俊兵・塩谷剛（二〇二二）、「マクロ現象としての「両利きの経営」とマルチレベル分析の可能性」組織学会編『組織論レビューⅣ―マクロ組織と環境のダイナミクス―』白桃書房、一―三〇頁。

上野直樹（一九九九）、『仕事の中での学習―状況論的アプローチ―』東京大学出版会。

宇田川元一（二〇一九）、『他者と働く―「わかりあえなさ」から始める組織論―』NewsPicksパブリッシング。

奥山敏雄（一九八六）、「自己指示システムと行為の社会的構成」『ソシオロゴス』第一〇号、一二〇―一四三頁。

小田部胤久（二〇二〇）、『美学』東京大学出版会。

貴島耕平・砂口文兵・藤井暢人・藤木春佳・松下将章・金井壽宏（二〇一四）、「組織開発のアイデンティティ・ロスト―組織開発の開発という屋上屋現象を手がかりに―」『日本情報経営学会誌』第三四巻第四号、四七―五八頁。

貴島耕平・福本俊樹・松嶋登（二〇一七）、「組織行動論の本流を見極める―人間関係論、組織開発、アクション・サイエンス―」『国民経済雑誌』第二一六巻第二号、三一―五五頁。

桑田敬太郎（二〇二〇）、「装置に駆動されたイノベーション―価値評価実践としてのサイエンスが創り出すSmaller WorldとBigger World―」『日本情報経営学会誌』Vol. 40, No. 1·2, 一六一―一七三頁。

桑田敬太郎・松嶋登（二〇一九）、「イノベーション・エコシステムの進化―科学技術イノベーションの経営学に向けて―」『国民経済雑誌』第二二〇巻第三五号、二三―四八頁。

桑田耕太郎（一九八七）、「経営戦略と組織の創造性」『経済と経済学』第五九号、七五―九七頁。

桑田耕太郎（二〇一一）、「「実践の科学」としての経営学―バーナードとサイモンの比較を通じて―」経営学史学会編『危機の時代の経営と経営学』経営学史学会年報第一八輯、文眞堂、一二七―一三八頁。

桑田耕太郎（二〇二一）、「AI技術と組織インテリジェンスの追求―バーナード理論、サイモン理論からAI時代の経営学へ―」経営学史学会編『経営学における『技術』概念の変遷―AI時代に向けて―』経営学史学会年報第二八輯、文眞堂、五二―六七頁。

桑田耕太郎・田尾雅夫（二〇一〇）、『組織論〔補訂版〕』有斐閣。

桑田耕太郎・松嶋登・高橋勅徳（二〇一五）、『制度的企業家』ナカニシヤ出版。

経営学史学会編（二〇一二）、『経営学史事典〔第2版〕』文眞堂。

経営学史学会監修／河野大機編著（二〇一二）、『経営学史叢書Ⅹ　ドラッカー』文眞堂。

経営学史学会監修／藤井一弘編著（二〇一一）、『経営学史叢書Ⅵ　バーナード』文眞堂。

経営学史学会監修／三井泉編著（二〇一二）、『経営学史叢書Ⅳ　フォレット』文眞堂。

榊原清則（二〇〇五）、『イノベーションの収益化』有斐閣。

佐藤郁哉・芳賀学・山田真茂留（二〇一一）、『本を生みだす力―学術出版の組織アイデンティティ―』新曜社。

佐藤俊樹（二〇〇九）、「オートポイエティック・システム論から組織を見る―『二次の観察』としての理論の射程―」『組織科学』第四三巻第一号、二〇―二八頁。

佐藤俊樹（二〇一一）、『社会学の方法』ミネルヴァ書房。

佐藤俊樹（二〇一六）、「自己産出系の公理論」遠藤薫他編著『社会理論の再興』ミネルヴァ書房。

杉田博（二〇二二）、『フォレットの解釈学的経営思想』文眞堂。

高田直樹（二〇二二）、「逸脱と革新─イノベーション過程における逸脱行動の存立と行方─」組織学会編『組織論レビューⅢ』白桃書房。

高橋勅徳・木村隆之・石黒督朗（二〇一八）、『ソーシャル・イノベーションを理論化する─切り拓かれる社会企業家の新たな実践─』文眞堂。

高安啓介（二〇一五）、『近代デザインの美学』みすず書房。

武石彰・青島矢一・軽部大（二〇一二）、『イノベーションの理由─資源動員の創造的正当化─』有斐閣。

富本憲吉（一九八一）、『富本憲吉著作集』五月書房。

中野裕治・貞松茂・勝部伸夫・嵯峨一郎（二〇〇七）、『はじめて学ぶ経営学─人物との対話─』ミネルヴァ書房。

中原淳・中村和彦（二〇一八）、『組織開発の探究─理論に学び、実践に活かす─』ダイヤモンド社。

中村和彦（二〇〇七）、「組織開発（ＯＤ）とは何か？」『人間関係研究』第六号、一─二九頁。

西川耕平（二〇〇九）、「ＯＤ（組織開発）の歴史的整理と展望」経営学史学会編『経営理論と実践』経営学史学会年報第十六輯、文眞堂、一三七─一四九頁。

庭本佳和（二〇〇六）、『バーナード経営学の展開─意味と生命を求めて─』文眞堂。

野中郁次郎（一九八六）、「組織秩序の解体と創造─自己組織化パラダイムの提言─」『組織科学』第二〇巻第一号、三二─四四頁。

野中郁次郎（一九七四）、『組織と市場─組織の環境適合理論─』千倉書房。

野中郁次郎（一九九〇）、『知識創造の経営─日本企業のエピステモロジー─』日本経済新聞社。

服部泰宏（二〇二〇）、『組織行動論の考え方・使い方─良質のエビデンスを手にするために─』有斐閣。

早坂啓・松嶋登（二〇一七）、「市場取引の神々」國部克彦・澤邉紀生・松嶋登編『計算と経営実践』有斐閣。

日置弘一郎（一九九四）、「自己組織モデルの再検討」『組織科学』第二八巻第二号、二一─一二頁。

開本浩矢・和多田理恵（二〇一二）、『クリエイティビティ・マネジメント─創造性研究とその系譜─』白桃書房。

福本俊樹・松嶋登・古賀広志（二〇一四）、「実証主義の科学的有用性─介入を目指す新たな科学思想としてのアクション・サイエンス─」『日本情報経営学会誌』第三四巻、第四号、五九─七〇頁。

藤沼司（二〇一五）、『経営学と文明の転換─知識経営論の系譜とその批判的研究─』文眞堂。

マーチ、ジェームス・Ｇ／桑田耕太郎訳（一九九一）、「組織のエコロジーにおける経験からの学習」『組織科学』第二五巻第一号、二─九頁。

松嶋登（二〇一五）、『現場の情報化―IT利用実践の組織論的研究―』有斐閣。

松嶋登・高橋勅徳（二〇〇九）、「制度的企業家というリサーチ・プログラム」『組織科学』第四三巻第一号、四三―五二頁。

三井泉（二〇〇九）、『社会的ネットワーキング論の源流―M．P．フォレットの思想―』文眞堂。

三戸公（二〇〇二）、『管理とは何か―テイラー、フォレット、バーナード、ドラッカーを超えて―』文眞堂。

三戸公（二〇一一）、『ドラッカー、その思想』文眞堂。

三戸浩・池内秀己・勝部伸夫（二〇一八）、『企業論　第４版』有斐閣。

村田晴夫（一九八四）、『管理の哲学』文眞堂。

矢守克也（二〇一九）、「〈書評〉マイケル・ポランニー（著）『暗黙知の次元』」『災害と共生』第三巻第一号、七一―七八頁。

吉野直人（二〇二二）、「組織ルーティン概念の変遷と今後の展望」組織学会編『組織論レビューⅣ―マクロ組織と環境のダイナミクス―』白桃書房、六五―八三頁。

吉原正彦（二〇〇六）、『経営学の新紀元を拓いた思想家たち―１９３０年代のハーバードを舞台に―』文眞堂。

経営学史叢書第Ⅱ期　第7巻　創造性

『創造する経営学』執筆者

桑田耕太郎（東京都立大学　経営学史学会会員　巻責任編集者
まえがき・第一章）
高尾　義明（東京都立大学　経営学史学会会員　第二章）
宇田川元一（埼玉大学　経営学史学会会員　第三章）
吉野　直人（西南学院大学　経営学史学会会員　第四章）
松嶋　　登（神戸大学　経営学史学会会員　第五章）
福本　俊樹（同志社大学　経営学史学会会員　第六章）
西村　香織（九州産業大学　経営学史学会理事　第七章）
山内　　裕（京都大学　経営学史学会会員　第八章）

経営学史叢書第Ⅱ期　第7巻　創造性

創造する経営学

令和五年二月二八日　第一版第一刷発行

検印省略

経営学史学会監修

編著者　桑　田　耕太郎

発行者　前　野　　隆

東京都新宿区早稲田鶴巻町五三三

発行所　株式会社　文　眞　堂

〒一六二―〇〇四一
電　話　〇三―三二〇二―八四八〇
ＦＡＸ　〇三―三二〇三―二六三八
振　替　〇〇一二〇―二―九六四三七

製作・モリモト印刷

---

https://www.bunshin-do.co.jp/

ISBN978-4-8309-5158-9　C3034

経営学史学会監修『経営学史叢書第Ⅱ期』全7巻

第1巻　原理性『経営学の基礎―学史から総合的統一理論を探る―』
第2巻　生産性『生産性のマネジメント―付加価値向上への進化―』
第3巻　人間性『人間と経営―私たちはどこへ向かうのか―』
第4巻　合理性『合理性から読み解く経営学』
第5巻　戦略性『学史から学ぶ経営戦略』
第6巻　社会性『社会の中の企業』
第7巻　創造性『創造する経営学』

経営学史学会監修『経営学史叢書』全14巻

第Ⅰ巻『テイラー』
第Ⅱ巻『ファヨール』
第Ⅲ巻『メイヨー＝レスリスバーガー』
第Ⅳ巻『フォレット』
第Ⅴ巻『バーリ＝ミーンズ』
第Ⅵ巻『バーナード』
第Ⅶ巻『サイモン』
第Ⅷ巻『ウッドワード』
第Ⅸ巻『アンソフ』
第Ⅹ巻『ドラッカー』
第Ⅺ巻『ニックリッシュ』
第Ⅻ巻『グーテンベルク』
第XIII巻『日本の経営学説 Ⅰ』
第XIV巻『日本の経営学説 Ⅱ』